RESVRGAM

Ecos de la Luz y la Sombra
Echi di Luce e Ombra
Echoes of Light and Shadow

Epopeyas, psicodramas y versos
Epopee, psicodrammi e versi
Epics, psychodramas, and verses

Milton Arrieta-López

Copyright © 2025

All Rights Reserved

ISBN Hardcover: 9798308705406

ISBN Paperback: 9798308703860

Agradecimiento| Ringraziamento | Gratitude

A mi amada esposa, Sara Noli, por su dedicación y amor en la supervisión de la traducción al italiano, y a mi querida hermana, Valentina Arrieta, por su valiosa guía en la revisión de la versión en inglés. Este trabajo no habría sido posible sin su apoyo incondicional y la profunda conexión que compartimos. Gracias por ser luz en este camino.

Alla mia amata moglie, Sara Noli, per la sua dedizione e amore nella supervisione della traduzione in italiano, e alla mia cara sorella, Valentina Arrieta, per la sua preziosa guida nella revisione della versione inglese. Questo lavoro non sarebbe stato possibile senza il loro supporto incondizionato e la profonda connessione che condividiamo. Grazie per essere la luce in questo cammino.

To my beloved wife, Sara Noli, for her dedication and love in overseeing the Italian translation, and to my dear sister, Valentina Arrieta, for her invaluable guidance in reviewing the English version. This work would not have been possible without their unconditional support and the deep bond we share. Thank you for being a light on this journey.

Author's Note

Este es un libro singular que contiene psicodramas, epopeyas y poemas. Por eso lo dedico con amor a personas inusuales, singulares y extraordinarias como tú.

Questo è un libro singolare che contiene psicodrammi, epopee e poesie. Per questo lo dedico con amore a persone insolite, singolari e straordinarie come te.

This is a unique book that contains psychodramas, epics, and poems. That's why I dedicate it with love to unusual, singular, and extraordinary people like you.

Table of Content

Agradecimiento | Ringraziamento | Gratitude _____ i

Author's Note _____ ii

Acerca del Autor | Informazioni sull'Autore | About the Author _____ vii

Prefacio | Prefazione | Preface _____ xii

Psicodramas y Epopeyas | Psicodrammi ed Epopee | Psychodramas and Epics _____ 1

Diálogo misterioso en la Cámara de Reflexiones _____ 1

Dialogo misterioso nella Camera delle Riflessioni _____ 8

Mysterious Dialogue in the Chamber of Reflection _____ 15

La epopeya de Papageno y su flauta mágica _____ 22

L'epopea di Papageno e il suo flauto mágico _____ 28

The Epic of Papageno and His Magic Flute _____ 34

Diálogo misterioso en el pórtico del Templo _____ 40

Dialogo misterioso nel portico del Tempio _____ 46

Mysterious Dialogue at the Temple's threshold _____ 51

La epopeya de la LVX _____ 56

L'epopea della LVX _____ 63

The Epic of the LVX _____ 70

De los Poemas Mistéricos | Dai Poemi Misterici | From the Mystery Poems _____ 77

El hijo del Diablo _____ 77

Il figlio del Diavolo _____ 79

The Devil's Son	80
Intervención sobrenatural	81
Intervento soprannaturale	82
Supernatural Intervention	83
Siempre adelante	84
Sempre avanti	85
Always Forward	86
Humanidad	87
Umanità	88
Humanity	89
La senda de la virtud	90
Il sentiero della virtù	91
The Path of Virtue	92
Querido(a) hermano(a)	93
Caro Fratello	94
Dear Brother	95
¿Libre?	96
Libero?	97
Free?	98
Empréstito maldito	99
Prestito maledetto	100
Cursed Loan	101
Protesta	102

Protesta	104
Protest	106
Colombia y su hijo no siniestro	108
Colombia e il suo figlio non sinistro	109
Colombia and Her Unsinister Son	110
Patria del dolor	111
Patria del dolore	113
Land of Sorrow	114
Un fanático en el más allá	115
Un fanatico nell'aldilà	117
A Fanatic in the Beyond	119
Meditación nocturna	121
Meditazione notturna	122
Nocturnal Meditation	123
Vuestra fuerza interior	124
La vostra forza interiore	125
Your Inner Strength	126
Tú	127
Tu	128
You	129
Anzuelo lunar	130
Amo lunare	131
Lunar Hook	132

Hijo	133
Figlio	134
Son	135
Mi amor	136
Amore mio	137
My Love	138
Noche cómplice	139
Notte complice	140
Complicit Night	141
Ilusión	142
Illusione	143
Illusion	144
Una sola alma	145
Una sola anima	146
One Single Soul	147
Glosario	148
Glossario	166
Glossary	184

Acerca del Autor

Milton Arrieta-López inicia un nuevo viaje literario con *RESVRGAM*, su primera obra de ficción: un atrevido y caleidoscópico mosaico de psicodramas, epopeyas y poesía. Reconocido como un académico destacado por sus aportes a los estudios sobre la paz y el innovador concepto de la "aretecracia", Milton incursiona en la literatura con una obra que entrelaza lo simbólico, lo filosófico y lo poético, desafiando los límites tradicionales.

Nacido en Colombia y con nacionalidad colombiana e italiana, Milton ha dejado una profunda huella académica en campos tan diversos como la ciencia política y el derecho internacional. Sus publicaciones en revistas indexadas y su rol en la promoción del diálogo interdisciplinario le han valido el respeto en los círculos académicos de todo el mundo. Sin embargo, *RESVRGAM* revela otra faceta de su búsqueda intelectual: un proyecto profundamente personal y artístico que refleja su fascinación por la virtud humana, la luz y la sombra.

A través de *RESVRGAM*, Milton invita a los lectores a un universo donde las batallas épicas reflejan luchas interiores y los psicodramas desentrañan las complejidades del espíritu humano. Cada poema, epopeya y diálogo en esta obra multilingüe lleva consigo el peso de su rigor académico, pero resuena con la libertad de la expresión literaria. El título, *RESVRGAM*, que significa "Resurgiré", evoca un tema de resiliencia y renacimiento, invitando a los lectores a reflexionar sobre sus propios procesos de transformación.

Este debut literario es tanto peculiar como profundo, un testimonio del compromiso de Milton Arrieta-López con la exploración de las alturas de la aspiración humana y las profundidades de sus desafíos. Es un libro que se erige como puente entre sus logros académicos y su recién revelada voz literaria, una voz que, al igual que *RESVRGAM*, promete resurgir y resonar.

Informazioni sull'Autore

Milton Arrieta-López intraprende un nuovo viaggio letterario con *RESVRGAM*, la sua prima opera di narrativa: un audace e caleidoscopico mosaico di psicodrammi, epopee e poesie. Riconosciuto come un eminente accademico per i suoi contributi agli studi sulla pace e per il concetto innovativo di "aretecracia", Milton si addentra nel mondo della letteratura con un'opera che intreccia il simbolico, il filosofico e il poetico, sfidando i confini tradizionali.

Nato in Colombia e con cittadinanza colombiana e italiana, Milton ha lasciato un'impronta significativa in ambiti accademici diversificati come le scienze politiche e il diritto internazionale. Le sue pubblicazioni in riviste indicizzate e il suo ruolo nella promozione del dialogo interdisciplinare gli hanno guadagnato il rispetto in tutto il mondo accademico. Tuttavia, *RESVRGAM* svela un altro lato della sua ricerca intellettuale: un progetto profondamente personale e artistico che riflette la sua fascinazione per la virtù umana, la luce e l'ombra.

Attraverso *RESVRGAM*, Milton invita i lettori in un universo dove le battaglie epiche rispecchiano lotte interiori e gli psicodrammi esplorano le complessità dello spirito umano. Ogni poema, epopea e dialogo in quest'opera multilingue porta con sé il peso del suo rigore accademico, ma risplende con la libertà dell'espressione letteraria. Il titolo, *RESVRGAM*, che significa "Risorgerò", evoca un tema di resilienza e rinascita, invitando i lettori a riflettere sui propri processi di trasformazione.

Questo debutto letterario è tanto singolare quanto profondo, una testimonianza dell'impegno di Milton Arrieta-López nell'esplorazione delle altezze dell'aspirazione umana e delle profondità delle sue sfide. È un libro che si erge come un ponte tra i suoi successi accademici e la sua appena rivelata voce letteraria, una voce che, proprio come *RESVRGAM*, promette di risorgere e risuonare.

About the Author

Milton Arrieta-López embarks on a new literary journey with *RESVRGAM*, his first work of fiction—a bold, kaleidoscopic tapestry of psychodramas, epics, and poetry. A scholar celebrated for his contributions to peace studies and the innovative concept of "aretecracy," Milton steps into the world of literature with a work that intertwines the symbolic, the philosophical, and the poetic, challenging traditional boundaries.

Born in Colombia and holding both Colombian and Italian nationalities, Milton's academic footprint spans numerous fields, from political science to international law. His scholarly publications in indexed journals and his role in fostering interdisciplinary dialogue have earned him respect in academic circles worldwide. However, *RESVRGAM* reveals another layer of his intellectual pursuit—a deeply personal and artistic endeavor that reflects his fascination with human virtue, light, and shadow.

Through the lens of *RESVRGAM*, Milton invites readers into a universe where epic battles mirror inner struggles, and where psychodramas unravel the complexities of the human spirit. Each poem, epic, and dialogue in this multilingual work carries the weight of his scholarly rigor, yet it sings with the freedom of literary expression. The title, *RESVRGAM*, meaning "I shall rise again," echoes a theme of resilience and rebirth, inviting readers to reflect on their own journeys of transformation.

This literary debut is both peculiar and profound, a testament to Milton Arrieta-López's commitment to exploring the heights of human aspiration and the depths of its challenges. It is a book that stands as a bridge between his academic achievements and his newly unveiled literary voice—a voice that, like *RESVRGAM* itself, promises to rise and resonate.

Page Blank Intentionally

Prefacio

Las palabras, como luces y sombras, trazan en el horizonte de la imaginación paisajes que trascienden el tiempo y el espacio. Este libro, **"RESVRGAM"**, es un viaje a través de los confines del alma humana, un compendio que entrelaza epopeyas, psicodramas y poemas para invitar al lector a explorar los umbrales de la virtud, la incertidumbre y la trascendencia.

En estas páginas, los diálogos misteriosos se convierten en espejos de la reflexión filosófica, y las epopeyas, en odas a los ideales universales que han guiado a la humanidad en su incansable búsqueda de significado. Cada poema es un destello de la esencia humana: a veces luminosa, a veces sombría, siempre profunda. En este esfuerzo literario, los símbolos y las metáforas se alzan como puentes entre lo visible y lo invisible, lo tangible y lo inefable.

"RESVRGAM" no pretende ser un refugio cómodo, sino un desafío amable. Invita al lector a descifrar los enigmas de la existencia, a reconocer en el arte de la palabra un eco de sus propios dilemas y anhelos. Más allá de sus fronteras idiomáticas, este libro aspira a convertirse en un faro para quienes encuentran en las letras un territorio compartido de humanidad.

Aunque las luces y las sombras parecen evocar la dualidad o las tensiones que dividen al mundo en opuestos irreconciliables, la verdad que subyace es más compleja, más profunda. No hay divisiones absolutas; la luz no existe sin la sombra que le da forma, y la sombra no es más que la ausencia temporal de la luz. Todo es una sola realidad, indivisible, en la que cada matiz, cada contraste, es parte de un todo más vasto y unitario.

Este libro no propone respuestas definitivas, sino un llamado a reconocer que la totalidad de la experiencia humana —en su fulgor y en su penumbra— no es fragmentación, sino plenitud. Que el lector encuentre en estas páginas no solo un reflejo de sus propias preguntas, sino también la certeza de que, al final, todas las partes se entrelazan en una misma sinfonía que llamamos existencia.

Milton Arrieta-López
Vernon Hills, 2025

Prefazione

Le parole, come luci e ombre, tracciano sull'orizzonte dell'immaginazione paesaggi che trascendono il tempo e lo spazio. Questo libro, **"RESVRGAM"**, è un viaggio attraverso i confini dell'anima umana, un compendio che intreccia epopee, psicodrammi e poesie per invitare il lettore a esplorare le soglie della virtù, dell'incertezza e della trascendenza.

In queste pagine, i dialoghi misteriosi diventano specchi di riflessione filosofica, e le epopee, odi agli ideali universali che hanno guidato l'umanità nella sua incessante ricerca di significato. Ogni poesia è un bagliore dell'essenza umana: a volte luminosa, a volte oscura, sempre profonda. In questo sforzo letterario, simboli e metafore si ergono come ponti tra il visibile e l'invisibile, il tangibile e l'ineffabile.

"RESVRGAM" non intende essere un rifugio comodo, ma una sfida gentile. Invita il lettore a decifrare gli enigmi dell'esistenza, a riconoscere nell'arte della parola un'eco dei propri dilemmi e desideri. Oltre i confini linguistici, questo libro aspira a diventare un faro per coloro che trovano nelle lettere un territorio condiviso di umanità.

Sebbene le luci e le ombre sembrino evocare la dualità o le tensioni che dividono il mondo in opposti inconciliabili, la verità che sottostà è più complessa, più profonda. Non esistono divisioni assolute; la luce non vive senza l'ombra che le dà forma, e l'ombra non è che l'assenza temporanea della luce. Tutto è una realtà unica, indivisibile, in cui ogni sfumatura, ogni contrasto, è parte di un insieme più vasto e unitario.

Questo libro non propone risposte definitive, ma un invito a riconoscere che la totalità dell'esperienza umana —nel suo splendore e nella sua penombra— non è frammentazione, ma pienezza. Che il lettore trovi in queste pagine non solo un riflesso delle proprie domande, ma anche la certezza che, alla fine, tutte le parti si intreccino in un'unica sinfonia che chiamiamo esistenza.

Milton Arrieta-López
Vernon Hills, 2025

Preface

Words, like light and shadow, trace on the horizon of imagination landscapes that transcend time and space. This book, "RESVRGAM", is a journey through the depths of the human soul, a compendium that weaves together epics, psychodramas, and poems, inviting the reader to explore the thresholds of virtue, uncertainty, and transcendence.

Within these pages, mysterious dialogues become mirrors of philosophical reflection, while the epics stand as odes to the universal ideals that have guided humanity in its relentless quest for meaning. Each poem is a glimpse into the human essence: sometimes luminous, sometimes dark, yet always profound. In this literary endeavor, symbols and metaphors rise as bridges between the visible and the invisible, the tangible and the ineffable.

"RESVRGAM" is not intended as a comfortable refuge but as a gentle challenge. It invites the reader to decipher the enigmas of existence, to find in the art of words an echo of their own dilemmas and aspirations. Beyond linguistic boundaries, this book seeks to become a beacon for those who see in literature a shared space of humanity.

Though light and shadow may seem to evoke the dualities or tensions that divide the world into irreconcilable opposites, the truth beneath is far more complex, far deeper. There are no absolute divisions; light cannot exist without the shadow that gives it form, and shadow is nothing more than the temporary absence of light. All is one, indivisible reality, where each nuance, each contrast, is part of a larger and unified whole.

This book does not offer definitive answers but rather extends an invitation to recognize that the totality of human experience—in its brilliance and its shadows—is not fragmentation but completeness. May the reader find in these pages not only a reflection of their own questions but also the certainty that, in the end, all parts intertwine in the singular symphony we call existence.

Milton Arrieta-López
Vernon Hills, 2025

Psicodramas y Epopeyas | Psicodrammi ed Epopee | Psychodramas and Epics

Diálogo misterioso en la Cámara de Reflexiones

En los simbólicos instantes de la medianoche, en algún lugar de la Tierra, cuando los bienhechores terminan sus trabajos, un inusitado diálogo irrumpe el sosiego de la noche...

Maestro Filósofo

—Embrollados pensamientos circundan en tu cabeza. La ordinaria argamasa entre la idea y la imagen, entre la roja luz y su azul esencia, desestabiliza la inigualable perplejidad que solo un Resvrgam podría alcanzar luego de meditar ardientemente en las inefables enseñanzas de Hiram Abí.

Resvrgam

—Entonces, ¿qué acontece Maestro Filósofo? ¿Quién se volverá hacia mí con su garra tendida, con su amor dispuesto a ampararme, a protegerme de tan oscuras manifestaciones del Engañador, de esas abominaciones que en algún lugar del perdido tiempo tomaron por sorpresa a natura misma, a las emanaciones de la luz que desde el comienzo del tiempo el Gran Arquitecto del Universo dispuso en nuestros corazones para manifestarse a sus hijos, los verdaderos iniciados?

Maestro Filósofo

—Muy querido hermano, poseo el discernimiento, pero no debo revelarlo. Bien sabes que de nada sirve correr el velo de los misterios si no los has develado por tu genio. Solo te diré que tu esencia es tan intensa como la naturaleza que te vio emerger, porque lo cierto es que el verdadero templo, en el que habita el Gran

Arquitecto del Universo, está en cada uno de los eslabones que robustecen la magnificente cadena que circunda el norte, el sur, el oriente y el occidente.

Resvrgam

—Entiendo que soy uno de los eslabones de la cadena. Comprendo entonces que el verdadero templo no está construido en piedra, sino que reposa en mi corazón. El Gran Arquitecto del Universo, la Pantengnósis, habita en nosotros y permanece no por el linaje de nuestro género, sino por las obras detalladas por el pulimiento de nuestra piedra interior.

Sin embargo, Maestro Filósofo, aún no tengo la fuerza. La belleza de mis actos no es congruente con la potente luz que supongo habita en mi corazón. ¡No entiendo qué ocurre! El odio ha exacerbado íntegramente mi ser, pues no puedo entrever como el Gran Arquitecto del Universo ha permitido el desgraciado vertimiento de la sangre de mis hermanos.

¡Oh! ¿Es que no hay quien salve a este hijo de la viuda de tan inmerecida suerte? Porque persuadido estoy de que mi abolengo no es más gallardo que el que ostentaban mis Hermanos. Observo que no merezco estrella distinta cuando he visto el llorar desconsolado de las viudas de mis hermanos fenecidos.

Maestro Filósofo

—Solo el juicio te salvará. Recuerda la sabia enseñanza de los antiguos: "El verdadero conocimiento viene de adentro".

Resvrgam

—¡Oh, sesgada suerte la mía! Si fuese ignorante, tendría mayor felicidad. No habría razón para mis tristezas si no comprendiera cómo el género humano, traicionándose a sí mismo, ha traído la desgracia a nuestro mundo dándole pan al mal y las migajas a su espíritu. ¿Y ahora tú insistes en que debo ahondar en lo recóndito de mi ser para someter a quien ha tirado por los suelos el aliento de vida de mis hermanos?

Segundos, solo segundos, un pestañeo... Resvrgam apenas presenciaba el desvanecimiento del misterioso Maestro Filósofo cuando una violenta y sombría voz interrumpió sus ardientes meditaciones... "Hay un millón de caminos entre la razón y la conciencia...". De repente, astillas y trozos explosionaron dentro del recinto en el que meditaba Resvrgam.

El tenebroso caballero Juwes fracturó el portón de acacia que abrigaba arenas, mezclas alquímicas misteriosas, consignas iniciáticas, calaveras hoscas y un enigmático ataúd que han llevado a reflexionar a millones de entidades en los augustos momentos de sus iniciaciones en los misterios.

Desenvainando una portentosa espada de doble filo, de magnitud tan impresionante como la claymore de dos manos que empuñaron en algún momento los antiguos escoceses, el caballero Juwes, haciendo un movimiento tan sutil como el aleteo de una mariposa en medio de la calma, pero tan devastador como el rugido de un funesto volcán, cortó el aire como el veneno a la vida, como la amargura a la dulzura.

Solo el vendaval roto por la espada de este ser inmundo penetró en las más insondables entrañas de Resvrgam, quien apenas reaccionó a tiempo para desenvainar su espada y así contener la embestida brutal de las emanaciones de la oscuridad.

Juwes

—Temibles movimientos defensivos. Reiré cuando observe el manar de tu sangre mientras agonizas y abrazas a mi maestro. Por fin verás que defiendes a un ser al que no le importas. ¡Un maldito sádico que estando cómodo en los cielos ríe al observar los sufrimientos humanos! Únete a mí y tus entrañas no serán comida para los gusanos.

"¡Nunca jamás!", exclamó el valeroso Resvrgam, al tiempo que descubría su espada, empleando ataques tan mortíferos que ningún ser humano podría haberlos resistido, como cuando se empuña la espada por una causa justa. No obstante, este oscuro personaje, con movimientos cruzados de espada, evitó ser alcanzado por el filo glorioso de la hoja flamígera, como si tales ataques fuesen atrapados por el ardor del fuego de la desidia.

Juwes

—Eres un pobre desequilibrado. ¿Cómo planeas detenerme si la diferencia entre nosotros es como la de un dios y un gusano? ¿No entiendes acaso que solo sirviendo a mi maestro lograrás la paz que tanto anhelas? Te diré esto una vez más, como lo hice con tus abatidos y débiles hermanos: "O dejas de ser un Resvrgam y te marchas para nunca más volver o te unes a la lucha de mi maestro. De cualquier forma, morirás, porque para servir a mi maestro hay que celebrar la muerte".

Resvrgam

—¿Pero quién eres? ¿Cómo te atreves a formularme algo semejante? Prefiero el suplicio y la mortificación antes que unirme a tu roñosa lucha.

Juwes

—Si es tu ley el esparcimiento de la luz sobre la faz de la tierra, como lo decreta tu rito simbólico, es mi deber glorificar las tinieblas en los corazones humanos, pues, verás, al ser los humanos imperfectos son susceptibles a mi poder. ¡Soy inmensamente más poderoso que tú!

Resvrgam

—¡De ningún modo las tinieblas avasallarán el brillo de mi espada en guardia!

Centésimas de segundo después de pronunciar sus palabras, el Resvrgam recibió un funesto estacazo en su pecho. Con una brusquedad semejante a la fuerza inclemente del delirio, no hubo un corte o tajo de espada, sino un osado influjo psíquico. Resvrgam cayó al suelo, desvanecido por el golpazo. El caballero Juwes, acercándose lentamente, le pisó la cabeza con el hierro de su bota derecha, mirándolo irónicamente, maravillado por la belleza de una magna obra.

Juwes

—He recorrido tu miserable planeta para devoraros, Resvrgam. Elige: ¿te suicidas ahora mismo o tendré que ensuciarme la bota? ¿No dices nada? ¡Este será tu fin!

Haciendo con su pie una presión insoportable, capaz de moler la roca y convertirla en greda, Resvrgam, consciente del destino de su espíritu, tomó con sus manos el pesado hierro y lo levantó con terrible dificultad.

Juwes

—¿Qué hacés? Iba a poner fin a tu patética existencia, ahorrándote mucho sufrimiento. ¿Acaso deseas el suicidio?

Resvrgam

—Ninguna de tus propuestas es digna de escucha. He decidido batallar con todo mi ímpetu. Si tengo que morir, será con honor.

Resvrgam, con fuerza extraordinaria, apartó la bota de hierro del caballero Juwes. Este, asombrado por tan desmesurado esfuerzo, tambaleó en su impresionante envergadura antes de lograr el equilibrio último.

Juwes

—¿Acaso tienes la osadía de enfrentarme? Un Resvrgam no es oponente para un Caballero de las Tinieblas.

Risas burlonas atronan arriba y abajo, adentro y afuera, en el espíritu y en la carne, a Resvrgam.

Juwes

—¿Es que no has entendido que tu pírrica fuerza no puede perturbarme?

Con odio en la mirada, el caballero Juwes exhaló un golpazo mortal, cual demolición por catapulta, fragmentando así el pectoral de la armadura sagrada que resguardaba a Resvrgam, dejando la marca de sus nudillos en la piel y estremeciéndole con fuerza volcánica en su corazón. Resvrgam se desplomó como un árbol arrancado de raíz y cayó al suelo soltando un suspiro de vida.

Juwes

—¡Siento mucha pena…! Realmente desprecio a los que no tienen poder y acaban mordiendo el polvo luego de un ridículo combate. La verdadera fuerza radica en poder aniquilar a tu adversario sin que pueda siquiera tocarte. Nunca he sentido dolor, pero me complazco enormemente cuando contemplo un rostro en agonía.

Resvrgam, sostenido solo por la fuerza de su espíritu, recordó en tal desgraciado momento las sabias palabras del Maestro Filósofo: "Tu esencia es tan intensa como la naturaleza que te vio emerger", "Recuerda las enseñanzas de los antiguos: el verdadero conocimiento viene de adentro". Introversiones verdaderas en su corazón en un momento de luz en medio de las tinieblas, sangre y desespero.

Resvrgam

—He pasado de la escuadra al compás y he embalsamado el corazón del Maestro Hiram para que el amor a la humanidad que lo inflamaba sirva de modelo al mío y me inspire en sus virtudes y conocimientos. Es mi deber conocerme a mí mismo, apreciando el móvil de mis acciones, para arreglarlo conforme al amor, la solidaridad, la fraternidad, las leyes y el deber. No hay razón alguna para prolongar el afligido sonido del rasponeo de mi espada contra el suelo. Tiemblan mis manos; en verdad, es el miedo y no este miserable esperpento mi peor enemigo. Como lo insinuó el Maestro Filósofo, soy el templo del Gran Arquitecto del Universo, es decir, el Universo mismo, que a través de mi conciencia me inspira el sentimiento de lo más bello, el deseo de perfeccionarme y de distinguir entre el bien y el mal, entre lo justo y lo injusto.

Sin armadura alguna, alejado de sus cinco sentidos y solo con la percepción extrasensorial magnificada por el gran ojo que todo lo ve, con el fuego de la verdad y la fuerza de la justicia, Resvrgam se incorporó con una seguridad solo comparable al resultado perfecto que logran los trabajos geométricos.

Resvrgam

—Eres el hijo de la putrefacción. Has asesinado a mis hermanos por su pureza de corazón. Fueron ignorantes de este gran secreto que ahora revela mi corazón. Es mi conciencia la voz del Gran Arquitecto del Universo, la Pantengósis, el

Universo Mismo, y su esencia no es más que lo que me impide escucharla. Lo cierto es que el más débil de mis hermanos lo superaba considerablemente en fuerza, por lo que nunca hubo librado ninguna batalla justa. Lamento que sea por mi espíritu y no el de alguno de mis hermanos en el oriente eterno que regreses a tu villano origen. No solo sentirás dolor, sino que observarás el poder de nuestro linaje.

Tras una batalla de doce horas y llegado el mediodía, Resvrgam meditó sobre el símbolo de la hora justa. Zoroastro reunía a sus discípulos al mediodía y los despedía a medianoche tras enseñarles los principios de Ormuz y Ariman, la lucha entre el bien y el mal, entre la luz y las tinieblas. El mediodía es el momento en que el sol está en pleno cenit, cuando los objetos no proyectan sombra. Es un instante de absoluta igualdad en el que nadie eclipsa a nadie.

En el lugar, momento y circunstancias precisas, Resvrgam, armado con la espada de la absoluta igualdad y la justicia, lanzó un ataque inigualable, comparable solo con la sabiduría, la fuerza y la belleza. Un golpe geométrico de espada de oriente a occidente desbarató la defensa propuesta por semejante adversario, rompiendo su espada venenosa en mil pedazos y dividiendo su cuerpo en dos, esparciendo sus entrañas hacia el norte y el sur.

Resvrgam

—¡Maestro Filósofo, Maestro Filósofo! ¿Acaso fue herido por el filo de la espada de la maldad? ¡Oh, Señor! ¡Qué desgracia!

Mas no ha sido así... El Maestro Filósofo no ha partido; siempre ha estado hablándome, aunque fuese de forma casi imperceptible, en mi interior. ¡Ahora lo escucho con claridad! ¡El Maestro Filósofo, mi conciencia, es mi Maestro Secreto!

Dialogo misterioso nella Camera delle Riflessioni

Nei simbolici istanti della mezzanotte, in qualche luogo della Terra, quando i benefattori terminano le loro opere, un insolito dialogo irrompe la quiete della notte...

Maestro Filosofo

— Pensieri aggrovigliati circondano la tua mente. L'ordinario impasto tra l'idea e l'immagine, tra la luce rossa e la sua essenza blu, destabilizza l'incomparabile perplessità che solo un Resvrgam potrebbe raggiungere dopo aver meditato ardentemente sugli ineffabili insegnamenti di Hiram Abif.

Resvrgam

— Allora, cosa accade, Maestro Filosofo? Chi si rivolgerà a me con il suo artiglio teso, con il suo amore pronto a proteggermi, a difendermi da tali oscure manifestazioni dell'Ingannatore, da quelle abominazioni che in qualche luogo del tempo perduto sorpresero la natura stessa, le emanazioni della luce che dall'inizio dei tempi il Grande Architetto dell'Universo dispose nei nostri cuori per manifestarsi ai suoi figli, i veri iniziati?

Maestro Filosofo

— Caro fratello, possiedo il discernimento, ma non devo rivelarlo. Sai bene che non serve a nulla sollevare il velo dei misteri se non li hai svelati con il tuo genio. Ti dirò solo che la tua essenza è tanto intensa quanto la natura che ti ha visto emergere, perché la verità è che il vero tempio, in cui risiede il Grande Architetto dell'Universo, si trova in ognuno dei legami che rinforzano la magnifica catena che circonda il nord, il sud, l'oriente e l'occidente.

Resvrgam

— Capisco che sono uno dei legami della catena. Comprendo dunque che il vero tempio non è costruito in pietra, ma riposa nel mio cuore. Il Grande

Architetto dell'Universo, la Pantengnosi, risiede in noi e persiste non per il lignaggio del nostro genere, ma per le opere scolpite dalla lucidatura della nostra pietra interiore.

Tuttavia, Maestro Filosofo, non ho ancora la forza. La bellezza delle mie azioni non è congruente con la potente luce che suppongo risieda nel mio cuore. Non capisco cosa stia accadendo! L'odio ha interamente esacerbato il mio essere, poiché non riesco a comprendere come il Grande Architetto dell'Universo abbia permesso lo sfortunato spargimento del sangue dei miei fratelli.

Oh! Non c'è forse chi salvi questo figlio della vedova da una sorte così immeritata? Perché sono convinto che la mia discendenza non sia più valorosa di quella dei miei Fratelli. Osservo che non merito una stella diversa quando ho visto il pianto inconsolabile delle vedove dei miei fratelli defunti.

Maestro Filosofo

— Solo il giudizio ti salverà. Ricorda l'insegnamento saggio degli antichi: "La vera conoscenza viene da dentro".

Resvrgam

— Oh, sorte avversa la mia! Se fossi ignorante, avrei maggiore felicità. Non ci sarebbe ragione per le mie tristezze se non comprendessi come il genere umano, tradendo se stesso, ha portato la disgrazia nel nostro mondo dando pane al male e le briciole al suo spirito. E ora tu insisti che devo scavare nelle profondità del mio essere per sottomettere chi ha calpestato il soffio di vita dei miei fratelli?

Secondi, solo secondi, un battito di ciglia... Resvrgam stava appena assistendo al dissolversi del misterioso Maestro Filosofo quando una violenta e cupa voce interruppe le sue ardenti meditazioni... "Ci sono un milione di strade tra la ragione e la coscienza...". All'improvviso, schegge e frammenti esplosero all'interno del recinto in cui meditava Resvrgam.

Il tenebroso cavaliere Juwes ruppe il portone di acacia che celava sabbie, misteriose miscele alchemiche, insegne iniziatiche, teschi severi e un enigmatico feretro che ha indotto milioni di entità a riflettere negli augusti momenti delle loro iniziazioni ai misteri.

Sguainando una potente spada a doppio taglio, di dimensioni tanto impressionanti quanto la claymore a due mani brandita un tempo dagli antichi scozzesi, il cavaliere Juwes, compiendo un movimento tanto sottile quanto il battito d'ali di una farfalla nella calma, ma tanto devastante quanto il ruggito di un funesto vulcano, tagliò l'aria come il veleno nella vita, come l'amarezza nella dolcezza.

Solo il vento lacerato dalla spada di questo essere immondo penetrò nelle più insondabili viscere di Resvrgam, che reagì appena in tempo per sguainare la sua spada e così contenere l'assalto brutale delle emanazioni dell'oscurità.

Juwes

— Temibili movimenti difensivi. Riderò mentre vedrò sgorgare il tuo sangue mentre agonizzi e abbracci il mio maestro. Finalmente capirai che stai difendendo un essere a cui non importa nulla di te. Un maledetto sadico che, comodamente nei cieli, ride osservando le sofferenze umane! Unisciti a me e le tue viscere non saranno cibo per i vermi.

"Mai e poi mai!", esclamò il valoroso Resvrgam, mentre sguainava la sua spada, sferrando colpi così mortali che nessun essere umano avrebbe potuto resistere, come quando si brandisce la spada per una giusta causa. Tuttavia, questo oscuro personaggio, con movimenti incrociati della spada, evitò di essere colpito dal filo glorioso della lama fiammeggiante, come se tali attacchi fossero stati catturati dal calore del fuoco dell'indifferenza.

Juwes

—Sei un povero squilibrato. Come pensi di fermarmi se la differenza tra noi è come quella tra un dio e un verme? Non capisci forse che solo servendo il mio maestro otterrai la pace che tanto desideri? Te lo dirò ancora una volta, come ho fatto con i tuoi fratelli abbattuti e deboli: "O smetti di essere un Resvrgam e te ne vai per non tornare mai più o ti unisci alla lotta del mio maestro. In ogni caso, morirai, perché per servire il mio maestro bisogna celebrare la morte".

Resvrgam

— Ma chi sei? Come osi propormi una cosa simile? Preferisco il supplizio e la mortificazione piuttosto che unirmi alla tua lurida lotta.

Juwes

— Se la tua legge è diffondere la luce sulla faccia della terra, come decreta il tuo rito simbolico, è mio dovere glorificare le tenebre nei cuori umani, poiché, vedi, essendo gli umani imperfetti, sono suscettibili al mio potere. Sono immensamente più potente di te!

Resvrgam

—¡ In nessun caso le tenebre sovrasteranno lo splendore della mia spada in guardia!

Centésimi di secondo dopo aver pronunciato queste parole, Resvrgam ricevette un fatale colpo al petto. Con una brutalità simile alla forza implacabile del delirio, non vi fu taglio o fendente di spada, ma un audace influsso psichico. Resvrgam cadde a terra, svenuto per il colpo. Il cavaliere Juwes, avvicinandosi lentamente, gli calpestò la testa con il ferro del suo stivale destro, guardandolo ironicamente, ammirato dalla bellezza di una grande opera.

Juwes

— Ho attraversato il tuo miserabile pianeta per divorarvi, Resvrgam. Scegli: ti suicidi ora stesso o dovrò sporcarmi lo stivale? Non dici nulla? Questa sarà la tua fine!

ɔ

Facendo con il suo piede una pressione insopportabile, capace di frantumare la roccia e trasformarla in argilla, Resvrgam, consapevole del destino del suo spirito, prese con le sue mani il pesante ferro e lo sollevò con terribile difficoltà.

Juwes

— Cosa fai? Stavo per mettere fine alla tua patetica esistenza, risparmiandoti molta sofferenza. Desideri forse il suicidio?

Resvrgam

— Nessuna delle tue proposte è degna di essere ascoltata. Ho deciso di combattere con tutto il mio impeto. Se devo morire, sarà con onore.

Resvrgam, con forza straordinaria, allontanò lo stivale di ferro del cavaliere Juwes. Questi, sorpreso da un tale sforzo smisurato, vacillò nella sua imponente figura prima di ritrovare l'equilibrio.

Juwes

— Hai forse l'audacia di affrontarmi? Un Resvrgam non è un avversario per un Cavaliere delle Tenebre.

Risa beffarde rimbombano sopra e sotto, dentro e fuori, nello spirito e nella carne, a Resvrgam.

Juwes

— Non hai capito che la tua forza irrilevante non può disturbarmi?

Con odio nello sguardo, il cavaliere Juwes sferrò un colpo mortale, come una demolizione con catapulta, frantumando così il pettorale dell'armatura sacra che proteggeva Resvrgam, lasciando l'impronta delle sue nocche sulla pelle e scuotendolo con forza vulcanica nel cuore. Resvrgam crollò come un albero sradicato e cadde a terra emettendo un sospiro di vita.

Juwes

— Provo tanta pena...! Disprezzo davvero coloro che non hanno potere e finiscono per mordere la polvere dopo un ridicolo combattimento. La vera forza risiede nel poter annientare il tuo avversario senza che possa nemmeno toccarti. Non ho mai provato dolore, ma mi compiaccio enormemente quando contemplo un volto in agonia.

Resvrgam, sostenuto solo dalla forza del suo spirito, ricordò in quel momento di sventura le sagge parole del Maestro Filosofo: "La tua essenza è tanto intensa quanto la natura che ti ha visto emergere", "Ricorda gli insegnamenti degli antichi: la vera conoscenza viene da dentro". Vere introversioni nel suo cuore in un momento di luce in mezzo alle tenebre, al sangue e alla disperazione.

Resvrgam

— Sono passato dalla squadra al compasso e ho imbalsamato il cuore del Maestro Hiram affinché l'amore per l'umanità che lo infiammava serva da modello al mio e che le sue virtù e conoscenze mi ispirino. È mio dovere conoscere me stesso, apprezzando il motivo delle mie azioni, per conformarlo all'amore, alla solidarietà, alla fraternità, alle leggi e al dovere. Non c'è ragione alcuna per prolungare il triste suono dello sfregamento della mia spada contro il suolo. Le mie mani tremano; in verità, è la paura, e non questo miserabile spettro, il mio peggior nemico. Come ha insinuato il Maestro Filosofo, io sono il tempio del Grande Architetto dell'Universo, cioè, dell'Universo stesso, che attraverso la mia coscienza mi ispira il sentimento del bello, il desiderio di perfezionarmi e di distinguere tra il bene e il male, tra ciò che è giusto e ciò che è ingiusto.

Senza alcuna armatura, privo dei suoi cinque sensi e solo con la percezione extrasensoriale magnificata dal grande occhio che tutto vede, con il fuoco della verità e la forza della giustizia, Resvrgam si alzò con una sicurezza paragonabile solo al risultato perfetto ottenuto dai lavori geometrici.

Resvrgam

— Tu sei il figlio della putrefazione. Hai assassinato i miei fratelli per la loro purezza di cuore. Erano ignari di questo grande segreto che ora si rivela nel mio cuore. È la mia coscienza la voce del Grande Architetto dell'Universo, la Pantengosi, l'Universo stesso, e la sua essenza non è altro che ciò che mi impedisce di ascoltarla. La verità è che il più debole dei miei fratelli lo superava considerevolmente in forza, perciò non è mai stata combattuta una battaglia giusta. Mi dispiace che sia per il mio spirito, e non per quello di uno dei miei fratelli nell'oriente eterno, che tu ritorni alla tua vile origine. Non solo proverai dolore, ma assisterai al potere del nostro lignaggio.

Dopo una battaglia di dodici ore, giunto il mezzogiorno, Resvrgam meditò sul simbolo dell'ora giusta. Zoroastro riuniva i suoi discepoli a mezzogiorno e li congedava a mezzanotte dopo aver insegnato loro i principi di Ormuz e Ariman, la lotta tra il bene e il male, tra la luce e le tenebre. Il mezzogiorno è il momento in cui il sole è al suo apice, quando gli oggetti non proiettano ombra. È un istante di assoluta uguaglianza in cui nessuno eclissa nessun altro.

Nel luogo, momento e circostanze precise, Resvrgam, armato della spada dell'assoluta uguaglianza e della giustizia, sferrò un attacco ineguagliabile, paragonabile solo alla saggezza, alla forza e alla bellezza. Un colpo geometrico di spada da oriente a occidente sbaragliò la difesa proposta da tale avversario, frantumando la sua spada velenosa in mille pezzi e dividendo il suo corpo in due, spargendo le sue viscere verso nord e sud.

Resvrgam

—Maestro Filosofo, Maestro Filosofo! Percaso è stato ferito dal filo della spada del male? Oh, Signore! Che disgrazia! Ma non è così... Il Maestro Filosofo non è andato via; è sempre stato a parlarmi, anche se in modo quasi impercettibile, dentro di me. Ora lo sento con chiarezza! Il Maestro Filosofo, la mia coscienza, è il mio Maestro Segreto!

Mysterious Dialogue in the Chamber of Reflection

In the symbolic moments of midnight, somewhere on Earth, when the benefactors have finished their labors, an unexpected dialogue breaks the stillness of the night...

Philosopher Master

— Tangled thoughts swirl in your mind. The ordinary mortar between idea and image, between the red light and its blue essence, destabilizes the unparalleled perplexity that only a Resvrgam could attain after ardently meditating on the ineffable teachings of Hiram Abif.

Resvrgam

— Then, what happens, Philosopher Master? Who will turn toward me with an outstretched grip, with love ready to shelter me, to protect me from such dark manifestations of the Deceiver, from those abominations that, in some lost time, took nature itself by surprise, from the emanations of the light that since the beginning of time, the Great Architect of the Universe placed in our hearts to manifest to His children, the true initiates?

Philosopher Master

— Beloved brother, I possess discernment, but I must not reveal it. You well know that there is no use in lifting the veil of mysteries if you have not unveiled them by your own genius. I will only tell you that your essence is as intense as the nature that saw you emerge, for the truth is that the true temple, in which the Great Architect of the Universe dwells, is in each of the links that strengthen the magnificent chain that encircles the north, the south, the east, and the west.

Resvrgam

— I understand that I am one of the links in the chain. I then comprehended that the true temple was not built of stone but rests in my heart. The Great Architect of the Universe, the Pantengnósis, dwells within us and remains not by the lineage of our kind but by the works detailed through the polishing of our inner stone.

However, as a Philosopher Master, I still lack strength. The beauty of my deeds does not align with the powerful light that I suppose dwells in my heart. I do not understand what is happening! Hatred has entirely exacerbated my being, for I cannot fathom how the Great Architect of the Universe has allowed the unfortunate spilling of my brothers' blood.

Oh! Is there no one who will save this widow's son from such an undeserved fate? For I am convinced that my lineage is no more gallant than that of my Brothers. I see that I do not deserve a different star when I have witnessed the inconsolable weeping of the widows of my fallen brothers.

Philosopher Master

— Only judgment will save you. Remember the wise teaching of the ancients: "True knowledge comes from within."

Resvrgam

— Oh, how biased is my fate! If I were ignorant, I would have greater happiness. There would be no reason for my sorrows if I did not understand how humanity, betraying itself, has brought ruin to our world by feeding evil and leaving mere crumbs for its spirit. And now you insist that I must delve into the depths of my being to subdue the one who has cast my brothers' breath of life to the ground?

Seconds, just seconds, a blink... Resvrgam had barely witnessed the fading of the mysterious Philosopher Master when a violent and dark voice interrupted his fervent meditations... "There are a million paths between reason and conscience..." Suddenly, splinters and fragments exploded within the chamber where Resvrgam was meditating.

The dark knight Juwes shattered the acacia door that housed sands, mysterious alchemical mixtures, initiatory consignments, grim skulls, and an enigmatic coffin that have led millions of entities to reflection during the august moments of their initiations into the mysteries.

Unsheathing a mighty double-edged sword, as impressive in size as the two-handed claymore once wielded by ancient Scots, the knight Juwes, with a movement as subtle as the flutter of a butterfly in the midst of calm yet as devastating as the roar of a dire volcano, sliced through the air like venom to life, like bitterness to sweetness.

Only the gale, torn apart by the sword of this vile being, penetrated the most unfathomable depths of Resvrgam, who barely reacted in time to unsheathe his own sword and thus withstand the brutal onslaught of the emanations of darkness.

Juwes

— Fearsome defensive moves. I will laugh as I watch your blood flow while you agonize and embrace my master. You will finally see that you defend a being who does not care about you. A damned sadist who, comfortably in the heavens, laughs as he watches human suffering! Join me, and your entrails will not become food for the worms.

"Never again!" exclaimed the valiant Resvrgam as he unsheathed his sword, delivering such deadly strikes that no human could have resisted them, as when a sword is wielded for a just cause. Yet this dark figure, with crossed sword movements, evaded being touched by the glorious edge of the flaming blade as if such attacks were consumed by the fervor of apathy.

Juwes

— You are a poor, unbalanced fool. How do you plan to stop me when the difference between us is like that between a god and a worm? Do you not understand that only by serving my master will you achieve the peace you so desperately desire? I will tell you this once more, as I did with your defeated and weak brothers: "Either you cease to be a Resvrgam and leave never to return, or you join my master's cause. Either way, you will die, for to serve my master is to celebrate death."

Resvrgam

— But who are you? How dare you propose something so vile to me? I would rather endure torment and mortification than join your wretched cause.

Juwes

— If it is your law to spread light across the face of the earth, as your symbolic rite decrees, it is my duty to glorify the darkness in human hearts, for, you see, as imperfect beings, humans are susceptible to my power. I am immensely more powerful than you!

Resvrgam

— Darkness will never overpower the brilliance of my sword in defense!

Hundredths of a second after uttering these words, Resvrgam received a dire blow to his chest. With a harshness akin to the relentless force of delirium, it was not a slash or cut of the sword but a bold psychic thrust. Resvrgam fell to the ground, fainting from the blow. The knight Juwes, slowly approaching, placed his iron boot on Resvrgam's head, looking at him with irony, marveling at the beauty of a Great Work.

Juwes

— I have traversed your miserable planet to devour you, Resvrgam. Choose: will you take your own life right now, or must I soil my boot? You say nothing? This will be your end!

꒐

Applying unbearable pressure with his foot, capable of grinding stone into dust, Resvrgam, fully aware of his spirit's fate, grasped the heavy iron with his hands and lifted it with tremendous difficulty.

Juwes

— What are you doing? I was about to end your pathetic existence, sparing you much suffering. Do you wish for death?

Resvrgam

— None of your proposals are worthy of consideration. I have decided to fight with all my might. If I must die, it will be with honor.

With extraordinary strength, Resvrgam pushed away the iron boot of the knight Juwes. The knight, astonished by such tremendous effort, staggered in his impressive stature before regaining his final balance.

Juwes

— Do you not understand that your feeble strength cannot disturb me?

With hatred in his eyes, the knight Juwes unleashed a deadly blow, like a catapult's strike, shattering the breastplate of the sacred armor that protected Resvrgam, leaving the imprint of his knuckles on the skin and shaking him with volcanic force in his heart. Resvrgam collapsed like a tree uprooted, falling to the ground with a sigh of life.

Juwes

—I feel great pity…! I truly despise those who lack power and end up biting the dust after a ridiculous battle. True strength lies in being able to annihilate your opponent without them even touching you. I have never felt pain, but I take immense pleasure in witnessing a face in agony.

Resvrgam, sustained only by the strength of his spirit, recalled at that wretched moment the wise words of the Philosopher Master: "Your essence is as intense as the nature that saw you emerge," "Remember the teachings of the ancients: true knowledge comes from within." True introspection in his heart, in a moment of light amidst darkness, blood, and despair.

Resvrgam

—I have moved from the square to the compasses and embalmed the heart of Master Hiram so that the love for humanity that inflamed him may serve as a model for mine, inspiring me with his virtues and knowledge. It is my duty to know myself, to understand the motive of my actions, to align them with love, solidarity, fraternity, law, and duty. There is no reason to prolong the sorrowful sound of my sword scraping the ground. My hands tremble; truly, it is fear and not this wretched creature that is my greatest enemy. As the Philosopher Master hinted, I am the temple of the Great Architect of the Universe, that is, the Universe itself, which through my conscience inspires in me the sense of the most beautiful, the desire to perfect myself, and to distinguish between good and evil, between justice and injustice.

Without any armor, devoid of his five senses and relying only on extrasensory perception magnified by the all-seeing eye, with the fire of truth and the force of justice, Resvrgam rose with a confidence only comparable to the perfect result achieved by geometric work.

Resvrgam

—You are the offspring of decay. You have murdered my brothers for their purity of heart. They were ignorant of this great secret that my heart now reveals. My conscience is the voice of the Great Architect of the Universe, the Pantengnósis, the Universe Itself, and its essence is nothing but what prevents me from hearing it. The truth is that the weakest of my brothers far surpassed you in strength, so there was never a fair battle. I regret that it is my spirit and not that of one of my brothers in the eternal east that sends you back to your villainous origin. Not only will you feel pain, but you will witness the power of our lineage.

After a twelve-hour battle and at the stroke of noon, Resvrgam meditated on the symbol of the just hour. Zoroaster would gather his disciples at noon and dismiss them at midnight after teaching them the principles of Ormuzd and Ahriman, the struggle between good and evil, between light and darkness. Noon is the moment when the sun is at its zenith when objects cast no shadow. It is a moment of absolute equality where no one eclipses another.

In the precise place, time, and circumstances, Resvrgam, armed with the sword of absolute equality and justice, launched an unparalleled attack comparable only to wisdom, strength, and beauty. A geometric strike from east to west shattered the defense of his formidable adversary, breaking his venomous sword into a thousand pieces and splitting his body in two, scattering his entrails to the north and south.

Resvrgam

—Philosopher Master, Philosopher Master! Were you struck by the blade of evil? Oh, Lord! What a misfortune!

But it was not so... The Philosopher Master has not departed; he has always been speaking to me, though almost imperceptibly, within me. Now I hear him clearly! The Philosopher Master, my conscience, is my Secret Master!

La epopeya de Papageno y su flauta mágica

I

Tocó Mozart un día tempestuoso,
la melodía se mojó con la lluvia.
Izó Papageno su vuelo en la bruma,
buscando un nimbo entre penumbras.

Su corazón sincero atravesó la niebla;
la luz le encandiló con ternura.
En las nubes danzó sus miserias,
entre céfiros y lágrimas áureas.

Su amada, tras un delta,
sobre el tapiz de su cordura,
bajo el compás de su silencio,
sobre el altar de su dulzura.

A lo lejos un aleteo,
un espíritu que relumbra.
La pasión empujó su vuelo
a un encuentro que perturba.

¡Pa-pa-gena!, tartamudeó gimiendo.
Su pajarita cantó en las alturas;
en su corazón, un vuelco.
El amor sin mesura.

II
En la espesura de un bosque rocoso,
Monostatos se encumbra odioso,
enervado por el solaz amoroso
de semejantes ánimos mimosos.

El sonido de las alegrías
turba su alma que, al mediodía,
ve las sombras de la delicadeza,
Su corazón es solo dureza.

Monostatos envuelto en maldad
ha evocado de sí un monstruo
que ha roto el mosaico sonoro
de un ajedrezado tapiz musical.

Una honda conspira altiva.
Ha fijado al amor en la mira,
pues verles feliz le desgracia;
sueña arruinar toda la gracia.

Un tiro certero y traidor
ha castigado la felicidad andante.
Llora Papagena; su amado cae
entre malezas y fragosidades.

III

Tocó Mozart, entre sombras calmas,
un himno guía el alma
que subconsciente sigue la gala
hacia el oriente de la temeridad.

En el desespero, un delirio,
¡Papagena!, ¿dónde estás, amor mío?
Llora Papageno aún inconsciente,
aunque percibe una sinfonía latente.

Entre movimientos allegro y andante
que circunvalan un mundo vibrante,
Papagano aún vacilante,
busca la luz errante.

La música etérea se escucha más fuerte;
la sigue Papágeno aún persistente.
Su espíritu firme no desfallece
ante la búsqueda de un amor perenne.

El concierto de Mozart ensordece estridente.
Papageno se crispa, la luz emerge,
la consciencia le habla, no puede moverse,
su corazón late esplendente.

IV

Una meditación en el misterio.
Entre los ecos, un oculto silencio.
Sarastro visita el interior de su templo
encontrando un pedrusco siniestro.

Absorto Sarastro pondera el arcano.
La Reina de la Noche forjó un encanto
ensombreciendo a un espíritu fauno,
haciendo del odio su señor y amo.

Sarastro, turbado, grita ¡Monostatos!
Su fiel servidor es ahora un tirano
que busca la muerte de todo amor sano
... en la penumbra, un canto malvado...

La Reina de la Noche ha vengado su escarnio.
Emancipada su hija, prefirió a su amado.
Maldice a Sarastro por haber consagrado
a Pamina y Tamino en amor exaltado.

Sarastro, turbado, emprende su marcha
hacia el oriente de las desgracias.
Espera en su alma no llegar tarde.
Presuroso teme un mal desenlace.

V

Papagena llora desconsolada;
su amado la escucha sin poder hacer nada.
Más que sentirla con toda su alma,
Sarastro aparece ante las desgracias.

¡Oh, Sarastro Gran Sacerdote!
Papageno muere por este azote.
¿Por qué merecemos la maldición de los dioses?
¡Os ruego! ¡Salvadlo de este signo innoble!

Una voz atronadora y sincera.
Dice Papagena "la noche no espera".
Tu amado te siente; su espíritu te ama.
El sol de tu aliento destruirá la infamia.

La medianoche ha llegado.
La Reina de la Noche alza su canto
enajenando a Monostatos,
quien sucumbe y enfrenta como un loco a su amo.

¡Isis y Osiris!, evoca Sarastro.
Una aurora a la noche ha fulminado.
Huye el embrujo, el subyugo malvado.
Monostatos solloza turbado pero aliviado.

VI

Tocó Mozart con gran alegría.
La melodía danzó con la brisa.
Papagena acaricia a su amado sin prisa.
Del sol de sus labios surge la dicha.

Oh, mi bella y dulce pajarita.
Tu amor me dio vida en la tumba infinita.
En el insondable rincón de las sombras
florece la pasión que nuestro amor nombra.

La tierra se abre y engulle a la Reina.
La luna resplandece, pura y serena;
gobierna el día unido a la noche.
Sarastro proclama amor sin reproche.

La música llena todo de vida.
Danzan corazones con loor y alegría.
La luz penetra todas las almas.
Juntas conjugan una egregora sacra.

Toca Papágeno su flauta encantada.
La magia tritemica se desliza alada.
La canción de la vida resplandece brillante.
Del caos surge un amor triunfante."

L'epopea di Papageno e il suo flauto mágico

I

Mozart suonò in un giorno tempestoso,
la melodia si bagnò sotto la pioggia.
Papageno alzò il suo volo nebbioso,
cercando un nimbo fra ombre e soglia.

Il suo cuore sincero attraversò la foschia;
la luce lo avvolse con dolce ardore.
Nelle nubi danzò la sua agonia,
tra zefiri e lacrime d'oro splendore.

La sua amata, oltre un delta arcano,
sul mosaico della sua ragione,
sotto il compasso del suo silenzio sovrano,
sull'altare della sua dolce emozione.

In lontananza un battito d'ali,
uno spirito che luccica.
La passione spinse il suo volo,
verso un incontro che lo perturba.

"Pa-pa-gena!", balbettò gemendo.
La sua passerotta cantò tra le vette;
nel suo cuore, un battito intenso.
È l'amore senza misura.

II

Nella fitta di un bosco roccioso,
Monostatos si erge odioso,
irritato dall'amore gioioso
di tali animi armoniosi.

Il suono delle allegrie
turba la sua anima che, a mezzogiorno,
vede le ombre della delicatezza.
Il suo cuore è solo durezza.

Monostatos avvolto nel male
ha evocato da sé un mostro,
che ha rotto il mosaico sonoro
di un arazzo a scacchiera musicale.

Una fionda cospira altezzosa,
ha fissato l'amore nel mirino,
vederli felici lo avvilisce;
sogna di distruggere ogni grazia.

Un colpo sicuro e traditore
ha punito la felicità errante.
Piange Papagena; il suo amato cade
tra rovi e dirupi scabrosi.

III

Mozart suonò, tra ombre tranquille,
un inno che guida l'anima,
che inconsciamente segue la gala
verso l'oriente dell'ardita via.

Nella disperazione, un delirio,
Papagena! Dove sei, amore mio?
Piange Papageno ancora incosciente,
sebbene percepisca una sinfonia latente.

Tra movimenti allegro e andante
che circondano un mondo vibrante,
Papageno, ancora esitante,
cerca la luce errante.

La musica eterea si sente più forte;
la segue Papageno ancora persistente.
Il suo spirito fermo non si spegne,
nella ricerca di un amore perenne.

Il concerto di Mozart rimbomba possente,
Papageno si contorce, la luce sorge,
la coscienza gli parla, non può muoversi,
il suo cuore batte raggiante.

IV

Una meditazione nel mistero.
Tra gli echi, un occulto silenzio.
Sarastro visita l'interno del suo tempio,
trovando un sasso sinistro.

Assorto, Sarastro contempla l'arcano.
La Regina della Notte ha forgiato un incanto,
oscurando uno spirito fauno,
facendo dell'odio il suo signore e sovrano.

Sarastro, turbato, grida Monostatos!
Il suo fedele servo è ora un tiranno,
che cerca la morte di ogni amore sano...
nella penombra, un canto insano...

La Regina della Notte ha vendicato il suo oltraggio.
Emancipata la figlia, ha scelto il suo amato.
Maledice Sarastro per aver consacrato
Pamina e Tamino in un amore esaltato.

Sarastro, turbato, inizia il suo cammino
verso l'oriente delle sventure.
Spera con l'anima di non arrivare tardi.
Affrettato, teme un cattivo destino.

V

Papagena piange disperata;
il suo amato l'ascolta ma non può far nulla.
Più che sentirla con tutta l'anima,
Sarastro appare davanti alla sventura.

Oh, Sarastro Gran Sacerdote!
Papageno muore per questo colpo feroce.
Perché dagli dèi meritiamo maledizione?
Ti prego! Salvalo da questo destino ignobile!

Una voce tonante e sincera.
Dice Papagena "la notte non aspetta".
Il tuo amato ti sente; il suo spirito ti ama.
Il sole del tuo respiro distruggerà l'infamia.

La mezzanotte è arrivata.
La Regina della Notte alza il suo canto
annebbiando Monostatos,
che soccombe e affronta come un folle il suo amo.

Iside e Osiride!, evoca Sarastro.
Un'aurora alla notte ha fulminato.
Fugge l'incantesimo, il giogo malvagio.
Monostatos singhiozza turbato ma sollevato.

VI

Mozart suonò con grande allegria.
La melodia danzò con la brezza.
Papagena accarezza il suo amato senza fretta.
Dal sole delle sue labbra sorge la letizia.

Oh, mia bella e dolce passerotta.
Il tuo amore mi ha dato vita nella tomba infinita.
Nell'angolo insondabile delle ombre
fiorisce la passione che il nostro amore nomina.

La terra si apre e inghiotte la Regina.
La luna risplende, pura e serena;
governa il giorno unito alla notte.
Sarastro proclama amore senza colpe.

La musica riempie tutto di vita.
Danzano i cuori con lode e allegria.
La luce penetra in tutte le anime.
Insieme creano un'egregora sacra.

Papageno suona il suo flauto incantato.
La magia tritemica si diffonde alata.
La canzone della vita risplende brillante.
Dal caos sorge un amore trionfante.

The Epic of Papageno and His Magic Flute

I
Mozart played on a tempestuous day,
the melody soaked in the rain's sway.
Papageno soared in the misty gray,
seeking a halo where shadows lay.

His sincere heart pierced the fog's embrace;
the light dazzled him with tender grace.
In the clouds, he danced his misery away,
among zephyrs and golden tears' display.

His beloved, beyond a delta's frame,
upon the mosaic of his reason's claim,
under the compass of her silent name,
on the altar of her sweetness' flame.

In the distance, a fluttering sound,
a spirit that gleams all around.
Passion drove his flight unbound,
to a meeting where fears compound.

"Pa-pa-gena!" he stammered, crying,
his little bird sang in heights undying;
in his heart, a twist-defying,
love unmeasured, never denying.

II

In the depths of a rocky wood,
Monostatos stood, as dark as he could,
angered by love so pure and good,
by gentle spirits misunderstood.

The sound of joy disturbed his soul,
at noon, he saw shadows take their toll,
his heart hardened, a lifeless coal,
void of all that made him whole.

Monostatos, wrapped in evil's cloak,
summoned a monster with no hope,
that shattered the sonic mosaic's yoke,
on a checkered musical trope.

A traitorous scheme, a fatal aim,
targeted love to ruin its flame;
he dreamt to cause eternal shame,
to wreck all grace in love's name.

A treacherous, precise shot flew,
striking down happiness anew.
Papagena wept, her love withdrew,
amidst thickets where shadows grew.

III

Mozart played, amidst shadows serene,
a hymn that guides the soul unseen,
subconsciously leading the grand parade,
toward the East, where boldness swayed.

In despair, a delirium's cry,
"Papagena! Where are you, my love, oh why?"
Papageno weeps, still unaware,
though he senses a symphony in the air.

Between movements allegro and andante's pace,
that encircle a world with vibrant grace,
Papageno, still in doubt's embrace,
seeks the errant light, a fleeting trace.

The ethereal music grows louder still;
Papageno follows with unyielding will.
His spirit firm, undeterred by fear,
in search of love's eternal sphere.

Mozart's concert crescendos bright;
Papageno trembles, the light takes flight,
his conscience speaks, he cannot move,
his heart beats with a radiant groove.

IV

A meditation in the mystery's veil,
amidst echoes, a hidden silence prevails.
Sarastro visits his temple's core,
finding a sinister stone at its floor.

Absorbed, Sarastro ponders the arcane;
the Queen of Night cast a malevolent chain,
shrouding a faun's spirit in disdain,
making hatred his lord and reign.

Sarastro, troubled, shouts "Monostatos!"
His faithful servant now a tyrant, gross,
seeking the death of all love's prose,
...in the shadows, a wicked chant arose...

The Queen of Night avenged her disgrace,
her daughter freed, chose her lover's embrace.
She curses Sarastro for consecrating the space,
where Pamina and Tamino's love found grace.

Sarastro, distressed, sets out with haste,
toward the East where misfortunes await.
In his soul, he prays he's not too late,
hurrying, fearing a dire fate.

V

Papagena weeps, her heart in despair;
her love hears but can only stare.
More than feeling her every care,
Sarastro appears, ending the snare.

"Oh, Sarastro, Grand Priest so wise!
Papageno dies under these skies.
Why do we deserve the gods' despise?
I beg you! Save him from this demise!"

A thunderous voice, sincere and clear,
Papagena says, "The night draws near."
"Your love feels you; his spirit's dear.
The sun of your breath will end the fear."

Midnight arrives, the Queen raises her song,
enchanting Monostatos, who falls headlong,
facing his master, the spell too strong,
as madness drives his will along.

"Isis and Osiris!" Sarastro cries.
An aurora breaks through the night's lies.
The spell is shattered, the darkness flies,
Monostatos weeps, troubled yet wise.

VI

Mozart played with joyful air,
the melody danced without a care.
Papagena caressed her love so fair,
from her lips' sun, joy did flare.

Oh, my sweet and gentle bird,
your love brought life from death's gird.
In the deepest shadow, far above,
our passion blooms as pure as love.

The earth opened, the Queen was claimed,
the moon shone pure, her power tamed;
day with night in harmony framed,
Sarastro proclaimed love, unblamed.

Music filled the space with life,
hearts danced with joy, freed from strife.
Light entered souls, ending the night,
together they formed a sacred rite.

Papageno played his magic flute,
the enchanted melody took flight, astute.
The song of life shone absolute,
from chaos emerged love's pure root.

Diálogo misterioso en el pórtico del Templo

Seiscientas sesenta y seis veces he llamado a tu puerta.

Mis nudillos, magullados, lloran sangre.

La impaciencia y la intolerancia han alcanzado su furor.

Te conjuro y te ordeno:

"¡Ábreme y déjame pasar a través del pórtico que custodias!".

Resvrgam

Tu toque profano ha interrumpido el sagrado estudio de los augustos misterios.

Te solicito que te marches o sufrirás tortuosas consecuencias.

Insulsas y atrevidas palabras escuchan mis oídos.

Abominables temores ya circundan en tu interior.

Persuadido estoy de que ya sabes quién soy.

Del temblor de tus manos percibo una espada filosa que corta la carne,

como el odio corta al amor

o la perversidad a la dulce perplejidad.

Tu esencia espiritual es simplemente humana;

como ser imperfecto, el temor sacude tus entrañas más recónditas.

Solo por piedad hacia nosotros mismos,

¡ábreme!, pues de otra forma ¡conocerás

el escarnio ponzoñoso de mi ira!

Resvrgam

Tu espíritu no es reconocido como tal.

Soy humano, con mis imperfecciones y virtudes,

y entre estas últimas, la templanza doblega al miedo,

pues mi alma ya está preparada.

Aferrado a ella, armado de espada,

y con gran valor, acompañado por el amor de mis hermanos y hermanas,

doy a tu muy inoportuna presencia la última advertencia:

"¡Márchate porque no te queremos ni te necesitamos!".

Oh, ¡burda gracia me han causado tus eunucas vibraciones!

Estás solo en el mundo,

pues tus H. H. se han marchado por terror.

Un inmundo olor perturba mi esencia,

pues sabes que lo que digo es cierto.

El temor lo percibo como una podrida esencia que emana de tu espíritu.

Resvrgam

Falso de toda falsedad.

Mis hermanos y hermanas están conmigo,

pues su amor es inmutable como su alma.

Aún en el oriente eterno, sus corazones puros

y frondosos de amor inundan mi ser

y me dan tranquilidad en estos amargos momentos.

Tus palabras me provocan risas acusatorias.

El hedor de la carne corrompida enerva mi ser con un placer oscuro.

Los olores de la carne podrida ya traspasan, invisibles, el pórtico.

Tus hermanos y hermanas están muertos, ¡muertos!,

y sus tristes y abatidas almas

sufren interminablemente

en las amargas profundidades del averno.

Resvrgam

Reconozco, por la vibración de tu voz, quién eres.

Comprendo que tu ser convoca a los inicuos traidores

que arrebataron la vida de nuestro Maestro.

En el sonido de tu voz

se entrelazan las traiciones de Juwes,

de Jubelas, Jubelos y Jubelum,

reconocidos como seres inferiores,

llenos de bajas pretensiones.

ꝭ

Habiendo concluido el diálogo misterioso:

La esencia horrorosa ha dejado su marca, resquebrajando el sagrado pórtico del templo, revelando así la vulnerabilidad que antes permanecía oculta en su estructura sacrosanta.

Resvrgam, armado con la espada de la perseverancia y el coraje,

sostenido solo por el imperturbable y poderoso amor de sus hermanos y hermanas,

decide, como persona de honor,

defender la augusta institución

enfrentando a tan inmundo enemigo,

quien, como célebre engañador,

utilizó todas las argucias posibles

para darle muerte a Resvrgam

y penetrar en los arcanos del sagrado recinto.

Sin embargo, tristemente,

los inteligentes engaños y maleficios de este oscuro personaje

menguaron las formidables enervaciones musculares

de nuestro Guardián del Templo quien, de forma digna,

honorable y justa, defendió la más augusta institución que alguna vez conoció la humanidad.

Una herida mortal, injusta y traidora

truncó la maravillosa energía del Guardián del Templo,

herido por la espalda,

cual víctima de un ser inmundo
que desconoce los argumentos de una batalla justa.

Resvrgam

La maravillosa dignidad del iniciado en los misterios
impide a mi espíritu librar una batalla injusta.
Mi corazón no me permite contestar ataques cobardes y mentirosos.

Conozco el significado de la vida.
Persuadido estoy de que la muerte es el premio a una vida honorable y justa.
Convencido estoy de que mis hermanos
me levantarán con la majestuosa y misteriosa garra del maestro,
como es revelado en las nobles y misteriosas iniciaciones.

Memorable proceder del Guardián del Templo
quien, auspiciado por el poder de la verdad,
impidió que las fuerzas del caos ingresaran a tan elevado santuario,
sellando impenetrablemente el pórtico del templo
con la fuerza y la belleza que emanaban del bronce místico
de tan preciosas columnas,
para que un iniciado en los misterios,
milenios en la posteridad,
pudiera mediante su sensibilidad
erigir la espada de la verdad en tan perfecta posición geométrica,
y penetrara en tan maravillosa construcción
que, en algún momento de la fábula,
el Rey Salomón, el Rey Hiram de Tiro

y el Maestro Arquitecto Hiram Abi levantaron
para que el Arquitecto de los Mundos habitara en las almas.

Dialogo misterioso nel portico del Tempio

Seicentossessantasei volte ho bussato alla tua porta.

Le mie nocche, contuse, piangono sangue.

L'impazienza e l'intolleranza hanno raggiunto il loro furore.

Ti scongiuro e ti ordino: "Aprimi e lasciami passare attraverso il portico che custodisci!".

Resvrgam

Il tuo tocco profano ha interrotto lo studio sacro dei misteri augusti.

Ti chiedo di andartene o subirai tortuose conseguenze.

Parole insulse e audaci ascoltano le mie orecchie.

Abominevoli timori già circondano il tuo interno.

Sono persuaso che tu sappia già chi sono.

Dal tremore delle tue mani percepisco una spada affilata che taglia la carne, come l'odio taglia l'amore o la perversità la dolce perplessità.

La tua essenza spirituale è semplicemente umana;

come essere imperfetto, il timore scuote le tue viscere più recondite.

Solo per pietà verso noi stessi, aprimi!,

altrimenti conoscerai lo scherno velenoso della mia ira!

Resvrgam

Il tuo spirito non è riconosciuto come tale.

Sono umano, con le mie imperfezioni e virtù,

e tra queste ultime, la temperanza piega la paura,

poiché la mia anima è già preparata.

Aferrado a ella, armado de espada,

Aggrappato a essa, armato di spada, e con grande coraggio,

accompagnato dall'amore dei miei fratelli e sorelle

do alla tua presenza tanto inopportuna l'ultimo avvertimento:

"Vattene perché non ti vogliamo né abbiamo bisogno di te!".

Oh, che grossolana grazia mi hanno fatto vibrare le tue eunuche vibrazioni!

Sei solo al mondo,

perché i tuoi Fratelli si sono allontanati per il terrore.

Un immondo odore disturba la mia essenza,

perché sai che ciò che dico è vero.

Percepisco il timore come un'essenza marcia che emana dal tuo spirito.

Resvrgam

Falso, completamente falso.

I miei fratelli e sorelle sono con me,

perché il loro amore è immutabile come la loro anima.

Anche nell'oriente eterno, i loro cuori puri

e rigogliosi di amore inondano il mio essere

e mi danno tranquillità in questi momenti amari.

Le tue parole mi provocano risate accusatorie

Il fetore della carne corrotta inebria il mio essere con un piacere oscuro

Gli odori della carne putrida già attraversano, invisibili, il portico

I tuoi fratelli e sorelle sono morti, morti!

e le loro anime tristi e abbattute

soffrono interminabilmente

nelle amare profondità dell'inferno.

Resvrgam

Riconosco, dalla vibrazione della tua voce, chi sei.

Comprendo che il tuo essere convoca i perfidi traditori

che strapparono la vita al nostro Maestro.

Nel suono della tua voce

si intrecciano i tradimenti di Juwes,

di Jubelas, Jubelos e Jubelum,

riconosciuti come esseri inferiori,

pieni di basse pretese.

Ɔ

Concluso il dialogo misterioso:

L'orrenda essenza ha lasciato il suo marchio,

incrinando il sacro portico del tempio,

rivelando così la vulnerabilità che prima rimaneva nascosta nella sua struttura sacrosanta.

Resvrgam, armato della spada della perseveranza e del coraggio,

sostenuto solo dall'amore imperturbabile e potente dei suoi fratelli e sorelle,

decide, come persona d'onore,

di difendere l'augusta istituzione

affrontando un nemico così immondo,

che, come celebre ingannatore,

utilizzò tutte le astuzie possibili

per dare la morte a Resvrgam

e penetrare negli arcani del sacro recinto.

Tuttavia, tristemente,

gli intelligenti inganni e malefici di questo oscuro personaggio

affievolirono le formidabili enervazioni muscolari

del nostro Guardiano del Tempio che, in modo degno,

onorabile e giusto, difese l'istituzione più augusta che l'umanità abbia mai conosciuto.

Una ferita mortale, ingiusta e traditrice

troncò la meravigliosa energia del Guardiano del Tempio,

ferito alla schiena,

come vittima di un essere immondo

che non conosce gli argomenti di una battaglia giusta.

Resvrgam

La meravigliosa dignità dell'iniziato ai misteri

impedisce al mio spirito di combattere una battaglia ingiusta.

Il mio cuore non mi permette di rispondere a attacchi codardi e menzogneri.

Conosco il significato della vita.

Sono persuaso che la morte è il premio per una vita onorevole e giusta.

Sono convinto che i miei fratelli

mi solleveranno con il maestoso e misterioso artiglio del maestro,

come rivelato nelle nobili e misteriose iniziazioni.

Memorabile comportamento del Guardiano del Tempio

che, patrocinato dal potere della verità,

impedì alle forze del caos di entrare in un santuario così elevato,

sigillando in modo impenetrabile il portico del tempio

con la forza e la bellezza che emanavano dal bronzo mistico

di colonne così preziose,

affinché un iniziato ai misteri,

millenni nella posterità,

potesse, mediante la sua sensibilità

ergere la spada della verità in una posizione geometrica così perfetta,

e penetrare in una costruzione così meravigliosa

che, in un certo momento della favola,

il Re Salomone, il Re Hiram di Tiro

e il Maestro Architetto Hiram Abif costruirono

affinché l'Architetto dei Mondi abitasse nelle anime.

Mysterious Dialogue at the Temple's threshold

I have knocked at your threshold six hundred and sixty-six times.

My bruised knuckles weep blood.

Impatience and intolerance have reached their zenith.

I conjure and command you:

"Open and let me pass through the threshold, you guard!"

Resvrgam

Your profane touch has disrupted the sacred study of the august mysteries.

I command you to depart, or you will suffer torturous consequences.

Bold and impudent words reach my ears.

Abominable fears already stir within you.

I am certain you know who I am.

From the trembling of your hands, I perceive a sharp blade that cuts through flesh,

as hatred severs love,

or perversity shatters sweet perplexity.

Your spiritual essence is merely mortal;

as an imperfect being, fear rattles your innermost core.

Only out of mercy toward ourselves,

open the threshold! Otherwise, you shall face

the venomous wrath of my indignation!

Resvrgam

Your spirit is not recognized as such.

I am human, with both flaws and virtues,

and among these, temperance overcomes fear,

for my soul is already fortified.

Clinging to it, armed with my sword,

and with great valor, accompanied by the love of my brethren,

I deliver to your unwelcome presence this final warning:

"Leave, for we neither want nor need you!"

Oh, how base your eunuch vibrations are!

You stand alone in this world,

for your brethren have fled in terror.

A vile stench disturbs my essence,

for you know that what I say is true.

I sense fear as a rotten essence emanating from your spirit.

Resvrgam

Falsehood of all falsehoods.

My brethren stand with me,

for their love is as immutable as their souls.

Even in the Eternal East, their pure hearts,

rich with love, flood my being

and grant me peace in these bitter moments.

Your words provoke accusing laughter.

The stench of decayed flesh inflames my being with dark satisfaction.

The odor of putrefied flesh already passes, unseen, through the threshold.

Your brethren are dead, dead!

And their sorrowful, crushed souls

suffer endlessly

in the bitter depths of the abyss.

Resvrgam

Having concluded the mysterious dialogue:

The horrific essence has left its mark, cracking the sacred threshold of the temple, revealing the vulnerability that was once hidden within its sacrosanct structure.

Resvrgam, armed with the sword of perseverance and courage,

sustained solely by the unwavering and powerful love of his brethren,

decides, as a man of honor,

to defend the august institution

by confronting such a vile adversary,

who, as a notorious deceiver,

employed every possible artifice

to bring about Resvrgam's demise

and penetrate the sacred mysteries of the temple.

However, sadly,

the cunning deceptions and dark arts of this malevolent figure

weakened the formidable muscular strength

of our Temple Guardian who, with dignity,

honor, and justice, defended the most august institution ever known to humanity.

A mortal wound, unjust and treacherous,

cut short the magnificent energy of the Temple Guardian,

struck from behind,

like a victim of a vile being

who knows nothing of the principles of a fair battle.

Resvrgam

The noble dignity of the initiate in the mysteries

forbids my spirit from engaging in an unjust battle.

My heart will not allow me to respond to cowardly and deceitful assaults.

I understand the meaning of life.

I am persuaded that death is the reward for an honorable and just life.

I am convinced that my brethren
will raise me with the majestic and mysterious grip of the Master,
as revealed in the noble and mysterious initiations.

Memorable was the conduct of the Temple Guardian
who, sustained by the power of truth,
prevented the forces of chaos from entering such an exalted sanctuary,
sealing the threshold of the temple with impenetrable strength and beauty,
emanating from the mystical bronze
of such precious columns,
so that an initiate in the mysteries,
millennia hence,
might, through his sensitivity,
raise the sword of truth in such perfect geometric form,
and enter that wondrous structure
that, in some moment of fable,
King Solomon, King Hiram of Tyre,
and the Master Architect Hiram Abif erected
for the Architect of the Worlds to dwell within souls.

La epopeya de la LVX

I

¿Acaso tima la aurora?

Ojos borrascosos,

quejumbre del alma,

dualidad filosofal.

¿Verdad o mentira?

Cual herejía de albigenses

que fenece ante llamaradas,

en manos de un maravillado inquisidor,

quien alborozado se deleita por su dantesca obra.

¡Oh, Señor Dios mío!

¡Oh, Señor!

¿Qué acontecimientos han atestiguado mis ojos?

¿Qué han hecho mis manos?

¿Acaso servirte?

¿Acaso ofuscar la esencia vasta de tu sorprendente luminosidad?

La duda, ahora lo único cierto,

¿acaso puedo desahogarme en ella?

Dicotomía platónica imbuida en el maniqueísmo antiguo,

que nacerá vencedor entre semejantes y bastas fuerzas,

y ¿en donde me encuentro?

¿Qué puedo hacer yo?

¿Me responderás?

II

Y aconteció del talante más impensado,

como lo vi batirse

como sombras en la oscuridad;

figuras mágicas danzando en un muro pedregoso,

sin reflejo, sin alma.

¿Mis ojos mienten o mi mente se resiste

por más movimientos que la desesperación incita?

A contraluz,

solo el eco de un más allá lúgubre y desconocido.

¡Albigenses, Bogomilos, Cátaros!,

berreó la criatura.

¡La tumba o mi verdad!

Torbellinos de fuego cayeron del firmamento.

Las flamas dieron firme contestación

a semejante afirmación.

Inmovilizado como momia,

fui el único testigo de tan estruendosa verdad

al observar su mueca despiadada,

contemplando desafiantemente hacia lo alto,

hacia la luz inmanifestada,

la mistérica y maravillosa realidad del Arquitecto de los Mundos,

aún desconocida para el hombre.

Conseguí concebir con cuántas muertes se regocijó,

cuántas criaturas ingenuas sufren por haberle servido,

cuánto dolor nutre a tan despiadada bestia.

Vi cómo mis lágrimas

lavaron el suelo teñido con sangre inocente

y conjeturé que

¡es mi oscuridad el enemigo más grande!

desde el preciso e iniciático momento

en que se me confió esparcir la luz sobre la faz de la tierra.

III

Y vi un gran tapiz ajedrezado,

y sobre este un imponente altar,

resplandecido con tres destellos llameantes,

cual imagen de simientes.

Tres columnas místicas,

cuyo inmaculado y divino misterio

estaba resguardado bajo el ornamento del templo interior

como realidad.

Como relámpago en la oscuridad

sentí la realidad como palabra

y la palabra como aliento;

aliento de vida, de poder.

La realidad de los albigenses en el tapiz,

pero sobre ella la ley iniciática,

cual fuerza sublime y reguladora

sobre la dualidad,

sobre la luz y la oscuridad.

El simbólico azul celeste

sobre el triste gris humeante,

como la humareda de los pensamientos crispados

que se opone a la flama azul palpitante,

símbolo de la más pura y lúcida reflexión.

¡Oh, Dios, ¿quién soy yo para que tu misterio me sea revelado?

¡Oh, Dios!,

¿qué peso llevarán mis espaldas?,

pues este secreto debe ser develado.

Y lo será: lo sabrán, lo oirán,
así me cueste la vida.

IV

¡No!, gritó la inmunda bestia,

injuriando los sagrados nombres del Arquitecto de los Mundos.

No hubo pensamiento,

ni odio, ni lágrimas;

solo un acto reflejo

al escozor de semejante calamidad.

De mis manos una luz,

y de la luz un éxtasis;

luego extenuación pura,

como exhalación de mis manos.

Una irradiación membruda como el sol,

pero ecuánime y poderosa

como la Palabra Sagrada.

De este acontecimiento

solo fue testigo el mistérico ojo que lo ve todo

y que nunca parpadea,

abriéndosele un abismal cráter a la altura de su pecho pestilente.

La bestia ponzoñosa,

antes de caer, berreó.

¡Este es el comienzo...!

V

Duras palabras para un ser apesadumbrado,

pero no extinto,

angustiado, pero con ira;

por lo que logré entender en ese preciso momento

que siempre debo estar en guardia.

El labramiento de la piedra interior

es un trabajo que nunca terminará,

pues humanos somos

y dentro de lo humano no cabe lo perfecto,

de manera que si el mal jamás descansa,

tampoco el deber del ser humano

que frente a sus hermanos y hermanas

juró en un momento mistérico

esparcir la luz sobre la faz de la tierra.

L'epopea della LVX

I

Forse l'aurora inganna?

Occhi tempestosi,

lamento dell'anima,

dualità filosofale.

Verità o menzogna?

Quale eresia degli albigesi

che perisce tra le fiamme,

nelle mani di un inquisitore meravigliato,

che esultante si diletta per la sua dantesca opera.

Oh, Signore Dio mio!

Oh, Signore!

Quali eventi hanno testimoniato i miei occhi?

Cosa hanno fatto le mie mani?

Forse servire te?

Forse offuscare l'essenza vasta della tua sorprendente luminosità?

Il dubbio, ora l'unica certezza,

posso forse sfogarmi in esso?

Dicotomia platonica impregnata nel manicheismo antico,

che nascerà vincitore tra simili e vaste forze,

e dove mi trovo?

Cosa posso fare io?

Mi risponderai?

II

E accadde nel modo più impensato,
come lo vidi combattere
come ombre nell'oscurità;
figure magiche danzanti su un muro di pietra,
senza riflesso, senza anima.
I miei occhi mentono o la mia mente resiste
per quanti movimenti la disperazione incita?
Controluce,
solo l'eco di un aldilà lugubre e sconosciuto.
Albigesi, Bogomili, Catari!,
gridò la creatura.
La tomba o la mia verità!
Turbini di fuoco caddero dal firmamento.
Le fiamme diedero ferma risposta
a tale affermazione.
Immobilizzato come una mummia,
fui l'unico testimone di una verità così fragorosa
nel vedere la sua smorfia spietata,
contemplando sfidante verso l'alto,
verso la luce inmanifestata,
la misteriosa e meravigliosa realtà dell'Architetto dei Mondi,
ancora sconosciuta all'uomo.
Riuscii a concepire con quante morti si sia rallegrato,
quante creature ingenue soffrono per averlo servito,
quanto dolore nutre una bestia così spietata.
Vidi come le mie lacrime

lavarono il suolo tinto di sangue innocente
e congetturai che
è la mia oscurità il nemico più grande!
dal preciso e iniziatico momento
in cui mi fu affidato di spargere la luce sulla faccia della terra.

III

E vidi un grande pavimento a scacchi,

e su di esso un imponente altare,

risplendente con tre fiammanti bagliori,

come immagine di sementi,

Tre colonne mistiche,

il cui immacolato e divino mistero

era custodito sotto l'ornamento del tempio interiore

come realtà.

Come un fulmine nell'oscurità

sentii la realtà come parola

e la parola come soffio;

soffio di vita, di potere.

La realtà degli albigesi sul pavimento a scacchi,

ma sopra di essa la legge iniziatica,

quale forza sublime e regolatrice

sulla dualità,

sulla luce e l'oscurità.

Il simbolico azzurro celeste

sul triste grigio fumoso,

come il fumo dei pensieri agitati

che si oppone alla fiamma azzurra palpitante,

simbolo della più pura e lucida riflessione.

Oh, Dio, chi sono io perché il tuo mistero mi sia rivelato?

Oh, Dio!,

che peso porteranno le mie spalle?,

poiché questo segreto deve essere svelato.

E lo sarà: lo sapranno, lo udranno,
anche a costo della mia vita.

IV

No!, gridò l'immonda bestia,

ingiuriando i sacri nomi dell'Architetto dei Mondi.

Non ci fu pensiero,

né odio, né lacrime;

solo un atto riflesso

al bruciore di una tale calamità.

Dalle mie mani una luce,

e dalla luce un'estasi;

poi pura estenuazione,

come un'esalazione dalle mie mani.

Un'irradiazione possente come il sole,

ma equanime e potente

come la Parola Sacra.

Di questo evento

fu testimone solo l'occhio misterioso che tutto vede

e che mai batte ciglio,

aprendo un abissale cratere all'altezza del suo petto pestilente.

La bestia velenosa,

prima di cadere, berciò.

Questo è solo l'inizio...!

V

Parole dure per un essere afflitto,
ma non estinto,
angosciato, ma con ira;
per ciò che riuscii a comprendere in quel preciso momento
che devo sempre essere in guardia.
La lavorazione della pietra interiore
è un lavoro che non finirà mai,
poiché siamo umani
e nell'umano non c'è spazio per la perfezione,
così che se il male non riposa mai,
nemmeno il dovere dell'essere umano
che davanti ai suoi fratelli e sorelle
giurò in un momento misterioso
di spargere la luce sulla faccia della terra.

The Epic of the LVX

I

Does the dawn deceive?

Storm-laden eyes,

lament of the soul,

philosophical duality.

Truth or falsehood?

Like the heresy of the Albigenses,

that perishes in the flames,

at the hands of a rapt Inquisitor,

who delightedly revels in his infernal work.

Oh, Lord my God!

Oh, Lord!

What events have my eyes witnessed?

What deeds have my hands wrought?

Have I served You?

Or have I obscured the vast essence of Your astonishing light?

Doubt, now the only certainty,

can I find solace in it?

Platonic dichotomy infused with ancient Manichaeism,

born victorious among such vast and opposing forces,

and where do I stand?

What can I do?

Will You answer me?

II

And it came to pass in the most unforeseen manner,

as I saw it battle

like shadows in the darkness;

magical figures dancing on a stony wall,

without reflection, without soul.

Do my eyes deceive, or does my mind resist,

no matter how much despair incites motion?

Against the light,

only the echo of a bleak and unknown beyond.

"Albigenses, Bogomils, Cathars!"

cried the creature.

"The tomb or my truth!"

Whirlwinds of fire descended from the firmament.

The flames gave a firm response

to such an assertion.

Immobile like a mummy,

I was the sole witness to such thunderous truth

as I observed its ruthless grimace,

defiantly gazing upward,

toward the unmanifested light,

the mystic and marvelous reality of the Architect of the Worlds,

still unknown to man.

I came to comprehend with how many deaths it rejoiced,

how many innocent creatures suffer for having served it,

how much pain nourishes such a merciless beast?

I saw how my tears

washed the ground stained with innocent blood
and I conjectured that
my own darkness is the greatest enemy!
from that precise and initiatic moment
when I was entrusted to spread the light over the face of the earth.

III

And I saw a great checkered tapestry,

and upon it, a majestic altar,

radiating with three flaming gleams,

like the image of seeds.

Three mystical columns,

whose immaculate and divine mystery

was safeguarded under the adornment of the inner temple

as reality.

Like lightning in the darkness,

I felt reality as word

and word as breath;

breath of life, of power.

The reality of the Albigenses on the tapestry,

but above it, the initiatic law,

a sublime and regulating force

over duality,

over light and darkness.

The symbolic celestial blue

over the sorrowful ashen gray,

like the smoke of agitated thoughts

that oppose the pulsating blue flame,

symbol of the purest and most lucid reflection.

Oh, God, who am I for Your mystery to be revealed to me?

Oh, God!

What burden will my shoulders bear,

for this secret must be unveiled.

And it shall be: they will know it, they will hear it,
even if it costs me my life.

IV

No! cried the foul beast,

insulting the sacred names of the Architect of the Worlds.

There was no thought,

no hatred, no tears;

only a reflexive act

to the sting of such calamity.

From my hands, a light,

and from the light, an ecstasy;

then pure exhaustion,

like an exhalation from my hands.

A radiation as mighty as the sun,

but balanced and powerful

as the Sacred Word.

Of this event,

only the mystic all-seeing eye

that never blinks was witness,

as an abyssal crater opened at the height of its pestilent chest.

The venomous beast,

before falling, bellowed.

This is just the beginning...!

V

Harsh words for a burdened being,

but not extinct,

anguished, yet with fury;

so I came to understand at that precise moment

that I must always be on guard.

The shaping of the inner stone

is a work that will never end,

for we are human,

and within humanity, perfection has no place.

Therefore, if evil never rests,

neither does the duty of the human being

who, before his brethren,

swore in a mystic moment

to spread the light over the face of the earth.

De los Poemas Mistéricos | Dai Poemi Misterici | From the Mystery Poems

El hijo del Diablo

Nació el hijo del diablo,
flaco, desgarbado y hambriento,
sobreviviendo amargamente a la pobreza,
entre miradas discretas,
y la más refulgente indiferencia.

Creciendo entre la multitud del mercado,
el hijo del diablo busca cobijo:
en el día como mandadero de mercaderes;
en la noche bajo el puente del olvido.

Una noche serena,
el hijo del diablo palpita,
entre mundos extraños e insondables,
donde los colores no terminan,
donde no hay dolor,
donde no hay hambre.

Recibe un premio,
el único en su vida;
el ángel de la muerte le da la bienvenida.
Una sobredosis de amor

ha puesto fin
a la tragedia de su vida.

Il figlio del Diavolo

Nacque il figlio del diavolo,
magro, sgraziato e affamato,
sopravvivendo amaramente alla povertà,
tra sguardi discreti,
e l'indifferenza più splendente.

Crescendo tra la folla del mercato,
il figlio del diavolo cerca riparo:
di giorno come fattorino dei mercanti;
di notte sotto il ponte dell'oblio.

Una notte serena,
il figlio del diavolo palpita,
tra mondi strani e insondabili,
dove i colori non finiscono,
dove non c'è dolore,
dove non c'è fame.

Riceve un premio,
l'unico della sua vita;
l'angelo della morte gli porge il benvenuto.
Un'overdose d'amore
ha posto fine
alla tragedia della sua vita.

The Devil's Son

The Devil's son was born,
gaunt, misshapen, and forlorn,
surviving bitterly in dire despair,
amidst discreet stares,
and the brightest gleam of indifferent glare.

Growing among the market throng,
the Devil's son sought shelter all along:
by day, a servant to the merchants' trade;
by night, beneath the bridge where memories fade.

On a quiet night, serene and still,
the Devil's son began to thrill,
through realms unknown, vast and deep,
where colors never end,
where pain and hunger cease to creep.

A reward was granted, the only one he'd find;
the Angel of Death welcomed him, kind.
A final overdose of love's embrace
has brought an end
to the tragic race of his life's pace.

Intervención sobrenatural

Te vi, Madre Tierra,
en aquel pálido otoño,
llena de felicidad y calma,
moviéndote despacio,
entre las hojas marchitas,
mientras suspirabas por las que vendrían,
en esas ficticias primaveras,
que ya se te han hecho normales,
en las que biocidas y transgénicos,
prescriben los nuevos ciclos,
dotándolos de un verde mutante
que se impone por la fuerza,
muy adentro de tus antiguos cauces.
Mientras tanto yo...
me multiplico como plaga
y te manipulo con delirio.

Madre, Madre Tierra,
vertiginoso fue tu derrocamiento,
creo que aún no te has dado cuenta,
pues sigues intentando gobernar lo ingobernable,
con la honda paciencia de las épocas.

Madre, madre mía,
ya no son tus designios;
son ahora los míos.

Intervento soprannaturale

Ti ho vista, Madre Terra,
in quell'autunno pallido,
piena di felicità e calma,
muovendoti lenta,
tra le foglie appassite,
mentre sospiravi per quelle che verranno,
in quelle finte primavere,
che ormai ti sono diventate normali,
dove biocidi e transgenici
prescrivono i nuovi cicli,
dotandoli di un verde mutante
che si impone con la forza,
molto dentro ai tuoi antichi corsi.
Nel frattempo io...
mi moltiplico come una piaga
e ti manipolo con delirio.

Madre, Madre Terra,
vertiginosa fu la tua caduta,
credo che tu non te ne sia ancora accorta,
poiché continui a cercare di governare l'ingovernabile,
con la profonda pazienza delle epoche.

Madre, madre mia,
non sono più i tuoi disegni;
ora sono i miei.

Supernatural Intervention

I saw you, Mother Earth,
in that pale autumn's birth,
filled with joy and calm repose,
moving slowly as you choose,
among the withered leaves that lay,
sighing for those yet on their way,
in those fictitious springs, now your norm,
where biocides and genes transform,
prescribing new cycles of a mutant green,
imposing their force on the ancient serene.
Meanwhile, I...
multiply like a pest,
manipulating you with madness possessed.

Mother, Mother Earth,
swift was your overthrow,
I believe you've yet to know,
you still attempt to govern what can never be,
with the deep patience of eternity.

Mother, oh my Mother dear,
your designs no longer steer.
Now, it's my will, and you must adhere.

Siempre adelante

Cuando sintáis las fuerzas ceder
ante la furia de las desgracias,
sacad de la adversidad vuestro coraje
y renaced en vuestra estirpe humana.

Cuando podáis la victoria acariciar,
subyugadas las calamidades,
recordad a los sufrimientos suplicar
la derrota de vuestras posibilidades.

Sempre avanti

Quando sentirete le forze cedere
di fronte alla furia delle disgrazie,
traete dall'avversità il vostro coraggio
e rinascete nella vostra stirpe umana.

Quando potrete la vittoria accarezzare,
soggiogate le calamità,
ricordate di supplicare le sofferenze
per sconfiggere le vostre possibilità.

Always Forward

When you feel your strength give way
to the fury of misfortune's tide,
draw courage from adversity's sway
and let your human spirit guide.

When victory is within your sight,
with calamities kept at bay,
remember that suffering's might
can shatter your dreams and lead you astray.

Humanidad

"Soy heterodoxa, soy universal",
dice la humanidad,
entre sombras de intolerancia
y anhelos de fraternidad
en un mundo incongruente
que sueña vivir en paz
aun no sabiendo cómo
consentir la diversidad.

"Respiro en un mundo viviente",
grita la humanidad,
que desde Oriente y Occidente
muestra su multiculturalidad
mientras un submundo fanatizado
sugiere implementar
las ideas por la fuerza
en detrimento de la pluralidad.

"Nado en los sentimientos",
susurra la humanidad,
en la agonía de la indiferencia,
con amargura por la impiedad,
en un universo cambiante
que exhorta a considerar
que la unión de los contrastes
asegura la posteridad.

Umanità

"Sono eterodossa, sono universale",
dice l'umanità,
tra ombre di intolleranza
e aneliti di fraternità
in un mondo incongruente
che sogna di vivere in pace
senza ancora sapere come
accettare la diversità.

"Respiro in un mondo vivente",
grida l'umanità,
che da Oriente a Occidente
mostra la sua multiculturalità
mentre un sottomondo fanatico
suggerisce di imporre
le idee con la forza
a scapito della pluralità.

"Nuoto nei sentimenti",
sussurra l'umanità,
nell'agonia dell'indifferenza,
con amarezza per l'empietà,
in un universo mutevole
che esorta a considerare
che l'unione dei contrasti
assicura la posterità.

Humanity

"I am heterodox, I am universal,"
says humanity,
beneath the shadows of intolerance
and longing for fraternity,
in a world so incongruous,
that dreams of peace and unity,
but knows not how to reconcile
with diverse identities.

"I breathe in a living world,"
cries humanity,
unfolding from East to West
its multicultural tapestry,
while a fanatical undercurrent
suggests the imposition
of ideas by force and power,
at the cost of plurality.

"I swim in the sea of emotions,"
whispers humanity,
in the throes of indifference,
with bitterness for cruelty,
in a universe ever-changing,
it calls us to comprehend
that the union of opposites
is what secures posterity.

La senda de la virtud

Después de trasegar por el mundo,
he encontrado la perdida senda.
Se me muestra escabrosa y desafiante,
retándome con indiferencia.
Cada paso tortuoso
suplica la renuncia a mi insistencia
en caminarla despacio,
sintiendo el rigor de las carencias.
Al final del camino,
me encuentro con mi conciencia.
Sonriente, me dice
que está en paz y sin dolencias,
que avance en mi destino
con austera entereza,
que he liberado mi alma
gracias a mi persistencia
en caminar despacio
por la augusta senda.

Il sentiero della virtù

Dopo aver vagato per il mondo,
ho trovato il sentiero perduto.
Mi si presenta scabroso e sfidante,
sfidandomi con indifferenza.
Ogni passo tortuoso
supplica la rinuncia alla mia insistenza
nel percorrerlo lentamente,
sentendo il rigore delle privazioni.
Alla fine del cammino,
mi trovo con la mia coscienza.
Sorridente, mi dice
che è in pace e senza dolori,
che avanzi nel mio destino
con austera fermezza,
che ho liberato la mia anima
grazie alla mia persistenza
nel camminare lentamente
per l'augusto sentiero.

The Path of Virtue

After journeying through the world wide,
I found the path where virtues reside.
It shows itself rugged and severe,
challenging me with a cold sneer.
Each tortuous step, with silent plea,
asks me to abandon my decree,
to tread it slowly, feeling each strain,
embracing the trials and the pain.
At the journey's end, I meet my soul,
smiling back with a peace so whole.
It whispers now, with no pretense,
that all burdens are lifted hence.
To advance with noble intent,
my soul, through trials, is content,
for I have walked, slow and true,
along this path of virtue.

Querido(a) hermano(a)

Hermano, estás triste y te entiendo,
porque he estado ahí,
mirando el cielo con angustia,
anhelando un porvenir.

Entre durezas y congojas,
me han visto resistir,
lamentando mi infortunio
sin hacer mucho por mí.

Pero… querido hermano,
mis herramientas están aquí.
Cincelemos la nueva piedra;
la amargura tendrá fin.

Al final, un triple abrazo.
En este rito, todos aquí,
buscando a partir del caos
el progreso por venir.

Caro Fratello

Fratello, sei triste e ti capisco,
perché ci sono passato anch'io,
guardando il cielo con angoscia,
desiderando un avvenire.

Tra dure prove e afflizioni,
mi hanno visto resistere,
lamentando la mia sfortuna
senza fare molto per me stesso.

Ma... caro fratello,
i miei strumenti sono qui.
Scolpiamo la nuova pietra;
l'amarezza avrà fine.

Alla fine, un triplice abbraccio.
In questo rito, tutti noi,
cercando a partire dal caos
il progresso che verrà.

Dear Brother

Brother, I see your sorrow, I know,
for I've been there before,
gazing at the sky with anguish,
longing for something more.

Amidst the trials and burdens,
I've stood firm through the strife,
lamenting my own misfortunes,
yet scarcely changing my life.

But... dear brother,
my tools are close at hand.
Let's carve this stone together;
bitterness shall disband.

In the end, a triple embrace,
in this rite, we find our way,
seeking order out of chaos,
toward a brighter day.

¿Libre?

Fui alguna vez un lince,
cazado por una flecha.
Feneció mi ilusión de ser libre,
entre compromisos, empréstitos y deudas.
Fui alguna vez un lobo,
danzando entre las estepas.
Ahora soy un hombre
atravesando mi senda.

Libero?

Fui un tempo una lince,
catturata da una freccia.
Morì la mia illusione di essere libero,
tra impegni, debiti e promesse.
Fui un tempo un lupo,
danzando tra le steppe.
Ora sono un uomo
che attraversa il suo sentiero.

Free?

Once, I was a lynx,
caught by an arrow's flight.
My dream of freedom perished
amidst debts, loans, and blight.
Once, I was a wolf,
dancing on the steppes wide.
Now, I am a man,
treading my path with pride.

Empréstito maldito

Quién eres para juzgar mi tristeza,
me dices deprimido con prepotencia.
Me ves enfermo e inservible,
peor que un cero a la izquierda;
según tú, ya estoy muerto.

Y sí, estoy muerto,
muerto en vida, en dolor,
por la usura de tus signos,
por la justicia de tu agresión,
por tu sed en mi peculio
que brota como mi sudor
que se escurre como el tiempo,
se pierde como mis años,
pagando tus intereses
mientras duermo asfixiado,
despertando viejo y cansado
con la muerte a mi lado.

Prestito maledetto

Chi sei tu per giudicare la mia tristezza,
mi dici depresso con arroganza.
Mi vedi malato e inutile,
peggio di una nullità;
secondo te, sono già morto.

E sì, sono morto,
morto in vita, nel dolore,
per l'usura dei tuoi segni,
per la giustizia della tua aggressione,
per la tua sete nel mio peculio
che scorre come il mio sudore,
che si consuma come il tempo,
che si perde come i miei anni,
pagando i tuoi interessi
mentre dormo soffocato,
svegliandomi vecchio e stanco
con la morte al mio fianco.

Cursed Loan

Who are you to judge my despair,
you speak with arrogance, without care.
You see me sick and worthless still,
less than nothing, a void to fill;
to you, I'm already dead.

And yes, I'm dead,
dead in life, in pain so deep,
by the usury of your sign,
by the injustice you keep.
Your thirst drains my purse dry,
as my sweat falls, so do I.
It slips away like fleeting time,
lost are my years to your cruel crime,
paying your interest while I suffocate,
waking old, exhausted, too late,
with death standing at my gate.

Protesta

El trabajo es labor
y, de sus frutos,
el sustento,
que mantiene el honor
del ser humano portento.

El trabajo es un derecho
del ciudadano honesto,
pero del Estado es el deber
de administrar el derecho.

Una nación en paro
desgracia a sus ciudadanos
que, con lágrimas y desamparo,
sienten irrealizado
todo potencial humano.

Del paro, una voz
que es luz en el tormento;
la protesta, su clamor,
por un cambio en el estamento.

Nace una visión
de un futuro amento.
Una inflorescencia en ramos
de prosperidad y cimientos.

No temáis al futuro,
dicen los nuevos vientos
que se funden en el alma
de una generación creciendo.

El cambio necesario
llegó en justo momento,
en la alborada de la vida
de un nuevo pensamiento,
según el cual los iguales
materializan el progreso.

Protesta

Il lavoro è fatica
e, dai suoi frutti,
il sostentamento,
che mantiene l'onore
dell'essere umano portentoso.

Il lavoro è un diritto
del cittadino onesto,
ma dello Stato è il dovere
di amministrare il diritto.

Una nazione in sciopero
sventura per i suoi cittadini
che, con lacrime e desolazione,
sentono irrealizzato
tutto il potenziale umano.

Dallo sciopero, una voce
che è luce nel tormento;
la protesta, il suo clamore,
per un cambiamento nell'ordinamento.

Nasce una visione
di un futuro fecondo.
Un'infiorescenza in rami
di prosperità e fondamenta.

Non temete il futuro,
dicono i nuovi venti
che si fondono nell'anima
di una generazione in crescita.

Il cambiamento necessario
è arrivato al momento giusto,
all'alba della vita
di un nuovo pensiero,
secondo cui gli uguali
materializzano il progresso.

Protest

Work is labor,
and from its yield,
comes sustenance,
that preserves the honor
of the human build.

Work is a right,
for every honest soul,
yet it's the State's duty
to ensure its role.

A nation on strike
brings woe to its land,
with tears and despair,
potential slips through the hand.

From the strike, a voice,
a beacon in the storm,
protest is its cry,
for a change to the norm.

A vision takes root
of a future reformed,
an inflorescence of hope,
with foundations restored.

Fear not what's ahead,
say the winds of the day,
for they merge with the spirit
of a generation in sway.

The needed change arrived,
in its timely intent,
at the dawn of a life,
with a new movement sent,
where equals unite
for progress meant.

Colombia y su hijo no siniestro

Madre, le pedí a tu corazón
que desafíe a la ilusión,
que no crea en el amor,
que no sueñe con la paz.
Y me respondiste…
"Hijo, qué duro es tu corazón
que no siente el dolor
de la muerte ni la exclusión
de tus propios hermanos".

Colombia e il suo figlio non sinistro

Madre, chiesi al tuo cuore
di sfidare l'illusione,
di non credere nell'amore,
di non sognare la pace.
E mi rispondesti...
"Figlio, quanto è duro il tuo cuore
che non sente il dolore
della morte né l'esclusione
dei tuoi stessi fratelli".

Colombia and Her Unsinister Son

Mother, I asked your heart
to challenge the illusion,
to doubt the love impart,
to forsake dreams of peace.
And you answered me...
"Son, how hardened is your heart,
that feels not the pain
of death nor the exclusion
of your own kin in vain."

Patria del dolor

Basta patria del dolor.
Levanta presurosa tu frente.
No lleves más el yugo de la guerra
sobre los hombros de tu gente.
En el espíritu del mar y las montañas
encontrarás floreciente
una rosa de paz cincelada
por el alma de tus huestes.

Patria del dolore

Basta, patria del dolore.
Alza in fretta la tua fronte.
Non portare più il giogo della guerra
sulle spalle della tua gente.
Nello spirito del mare e delle montagne
troverai fiorente
una rosa di pace cesellata
dall'anima delle tue schiere.

Land of Sorrow

Enough, land of sorrow.

Raise your brow with haste.

No longer bear the yoke of war

upon your people's grace.

In the spirit of the sea and mountains,

you will find in bloom,

a rose of peace finely carved

by the souls your ranks exhume.

Un fanático en el más allá

Ojos tormentosos
sin hálito de vida
en desespero.
¡Oh, Dios! ¡Oh, Dios!,
lloró áspero, rudo.
Vio fenecer toda vida bajo su espada
por dogmático amor a su creencia sagrada.
Al final,
suplicó un hado distinto,
pero ahí estaban sus actos
haciendo justo reclamo
con brío calmo

¡El tiempo!
¡Qué misterio!
¡Oh, Dios!
¿Por qué habéis creado el tiempo?
Aunque arrepentido,
no pudo resarcir sus miserias,
sus protervos actos le reclaman con histeria
y no logra ver la luz.
Oh, Señor, ¿dónde está vuestra Luz?
Su suerte ahora distinta
entre penumbras,
entre extrañas farfullas.
Supo que ya no caminaría más por la tierra;

ahora vaga en la bruma
buscando la luna,
soñando en secreto
resarcir sus yerros.

Un fanatico nell'aldilà

Occhi tempestosi
senza alito di vita
nel desespero.
Oh, Dio! Oh, Dio!,
piangeva aspro, ruvido.
Vide perire ogni vita sotto la sua spada
per dogmatico amore alla sua sacra credenza.
Alla fine,
implorò un destino diverso,
ma lì stavano i suoi atti
che facevano giusto reclamo
con un vigore calmo.

Il tempo!
Che mistero!
Oh, Dio!
Perché avete creato il tempo?
Sebbene pentito,
non poté riscattare le sue miserie,
i suoi atti perversi lo reclamano con isteria
e non riesce a vedere la luce.
Oh, Signore, dov'è la vostra Luce?
Il suo destino ora è diverso
tra penombre,
tra strane farfuglie.
Seppe che non avrebbe più camminato sulla terra;

ora vaga nella bruma
cercando la luna,
sognando in segreto
di riscattare i suoi errori.

A Fanatic in the Beyond

Stormy eyes,

with no breath of life,

in despair.

"Oh God! Oh God!"

he cried, coarse and grim.

He watched all life perish beneath his blade,

for dogmatic love of a sacred creed.

In the end,

he begged for a different fate,

but there were his deeds,

with calm resolve,

making just claim.

Time!

What a mystery!

Oh God!

Why have You created time?

Though repentant,

he could not amend his miseries,

his wicked deeds, they cry out in hysteria,

and he cannot see the light.

Oh Lord, where is Your Light?

His fate now altered,

in shadows,

in strange mutterings.

He knew he would walk the earth no more;

now, he wanders in the mist,
　　seeking the moon,
　　dreaming in secret
　to atone for his wrongs.

Meditación nocturna

Un venerable maestro
despertándose de un fusco sueño
medita en la quietud de la noche.
Cientos de luces de profundas reflexiones
anuncian el alba de un lúcido amanecer.
Cuán bella luz que perturba la densa noche,
cuán bella luz que corta la oscuridad,
cuán bella luz que se funde con la fuerza
e inunda el alma de perplejidad.

En su mente, la perseverancia es firme,
como un roble que enfrenta el viento sin ceder.
El coraje, compañero en la noche,
es la llama que nunca deja de arder.
Ambos se entrelazan, raíz y fuego,
guiando al maestro en su andar sereno,
pues sabe que, en la lucha constante,
la victoria es del corazón andante.

Meditazione notturna

Un venerabile maestro,
svegliandosi da un sogno fosco,
medita nella quiete della notte.
Centinaia di luci di profonde riflessioni
annunciano l'alba di un lucido mattino.
Quanto bella è la luce che disturba la densa notte,
quanto bella è la luce che taglia l'oscurità,
quanto bella è la luce che si fonde con la forza
e inonda l'anima di perplessità.

Nella sua mente, la perseveranza è salda,
come una quercia che affronta il vento senza cedere.
Il coraggio, compagno nella notte,
è la fiamma che mai smette di ardere.
Entrambi si intrecciano, radice e fuoco,
guidando il maestro nel suo cammino sereno,
poiché sa che, nella lotta costante,
la vittoria è del cuore andante.

Nocturnal Meditation

A Worshipful Master,
waking from a shadowed dream,
meditates in the stillness of night.
Hundreds of lights from profound reflections
herald the dawn of a lucid light.
How beautiful the light that disturbs the dense night,
how beautiful the light that cleaves the dark,
how beautiful the light that blends with might
and floods the soul with awe and spark.

In his mind, perseverance stands firm,
like an oak that faces the wind, unbowed.
Courage, companion through the night,
is the flame that never flickers out.
Together, they entwine, root and fire,
guiding the master with serene desire,
for he knows that in constant fight,
victory belongs to the heart in flight.

Vuestra fuerza interior

Sacad de vuestro interior
un relámpago que quiebra,
un destello en la tormenta
que retoña como la flor,
perfumando de valor
al afligido corazón
que os dice ¡vuela!,
vuela alto como un halcón
que, encumbrado en lo alto,
irradia su pasión.

Sacad de vuestro interior
una expresión tronera:
"¡Ánimo!",
"¡Adelante!"
que pinta a todo color
la melancolía del momento,
transformando el dolor
en un brillo interior
de energía, de ardor,
en un vuelo sin temor.

La vostra forza interiore

Attingente dal vostro interno
un lampo che squarcia,
un bagliore nella tempesta
che rifiorisce come un fiore,
profumando di valore
il cuore afflitto
che vi dice "Vola!",
vola alto come un falco
che, elevato in alto,
irradia la sua passione.

Attingete dal vostro interno
un'espressione tuonante:
"Coraggio!",
"Avanti!"
che dipinge di tutti i colori
la malinconia del momento,
trasformando il dolore
in un bagliore interiore
di energia, di ardore,
in un volo senza paura.

Your Inner Strength

Draw from within your core
a lightning bolt that breaks,
a flash amidst the storm,
that blossoms like the flower,
perfuming with its power
the afflicted heart that aches,
urging you to soar,
soar high like a hawk,
perched on heights so great,
radiating its passionate spark.

Draw from within your core
a thunderous exclamation:
"Take heart!"
"Press on!"
that paints in vivid hue
the melancholy of the hour,
transforming every rue
into a radiant power,
a flame of energy true,
in a flight that knows no fear.

Tú

Tú, como el fuego secreto,
sigues siendo un misterio perfecto.
A pesar de tus llamas
y del calor que emanas,
sigues siendo encantadora.
Eres la más curiosa,
pues la chispa radiante
perdura vibrante
en un crisol de tiempo,
donde el deseo se enciende,
entre sombras danzantes,
y se alza constante,
entre espejismos y ensueños,
desafiando la cordura
que resiste sin ventura,
que sucumbe en tu fuego.
Eres siempre
el fuego secreto.

Tu

Tu, come il fuoco segreto,
resti un mistero perfetto.
Nonostante le tue fiamme
e il calore che emani,
rimani sempre incantevole.
Sei la più curiosa,
poiché la scintilla radiante
persiste vibrante
in un crogiolo di tempo,
dove il desiderio si accende,
tra ombre danzanti,
e si eleva costante,
tra miraggi e sogni,
sfidando il buonsenso
che resiste senza fortuna,
che soccombe nel tuo fuoco.
Sei sempre
il fuoco segreto.

You

You, like the secret fire,
remain a perfect mystery entire.
Despite your flames
and the warmth you proclaim,
you remain ever enchanting.
You are the most alluring,
for the radiant spark
endures, ever stark,
in a crucible of time,
where desire ignites,
among dancing shadows,
and steadily rises,
between mirages and dreams,
defying reason's schemes,
which falter in your fire's gleam.
You are always
the secret fire.

Anzuelo lunar

Era hipnótica la luna,
serena y envolvente,
cual anzuelo ascendiente
que atrapó mi alma inocente
en un sueño persistente,
sumergiéndola en su hechizo,
arrebatándole el consciente,
postrándola desnuda
en la ilusión sempiterna
de su amor envolvente.

Amo lunare

Era ipnotica la luna,
serena e avvolgente,
come un amo ascendente
che catturò la mia anima innocente
in un sogno persistente,
immergendola nel suo incanto,
strappandole il conscio,
prostrandola nuda
nell'illusione perpetua
del suo amore avvolgente.

Lunar Hook

The moon was hypnotic,
serene and magnetic,
like an ascending hook
that ensnared my innocent soul
in a dream unyielding,
plunging it into your spell,
stealing away its conscious thoughts,
laying it bare
in the eternal illusion
of your all-encompassing love.

Hijo

Hijo, en tus ojos veo el eco
de estrellas distantes,
un universo sin mapa
donde tus sueños pueden danzar.
Eres brújula y norte,
el compás que traza rutas
en un globo que gira sin cesar,
una constelación de esperanza
que ilumina mi trasegar.

Crece fuerte y audaz,
con la valentía de un explorador,
bueno como la lluvia que nutre,
solidario como la mano que se tiende.
Sé justo en tus pasos,
como el equilibrio del mundo,
protector de la tierra y el cielo,
de las naciones y sus horizontes.

Y aunque la vida te presente tempestades,
no pierdas tu sonrisa,
ni tu pasión por navegar
en el vasto océano de la existencia,
donde cada ola es una aventura,
y cada puerto, un nuevo lugar por descubrir.

Figlio

Figlio, nei tuoi occhi vedo l'eco
di stelle lontane,
un universo senza mappa
dove i tuoi sogni possono danzare.
Sei bussola e nord,
il compasso che traccia rotte
su un globo che gira senza sosta,
una costellazione di speranza
che illumina il mio cammino.
Cresci forte e audace,
con il coraggio di un esploratore,
buono come la pioggia che nutre,
solidale come la mano che si tende.
Sii giusto nei tuoi passi,
come l'equilibrio del mondo,
protettore della terra e del cielo,
delle nazioni e dei loro orizzonti.
E anche se la vita ti presenterà tempeste,
non perdere il tuo sorriso,
né la tua passione per navigare
nel vasto oceano dell'esistenza,
dove ogni onda è un'avventura,
e ogni porto, un nuovo luogo da scoprire.

Son

Son, in your eyes I see the echo
of distant stars aglow,
a universe without a map
where your dreams are free to flow.
You are a compass and true north,
the hand that charts the course,
on a globe that spins unceasingly,
a constellation of hope that guides my path.

Grow strong and bold,
with the courage of an explorer,
kind as the nourishing rain,
compassionate as the hand extended in care.
Be just in every stride,
like the balance of the world,
protector of earth and sky,
of nations and their far-reaching bounds.

And though life may bring you storms,
never lose your smile,
nor your passion for the voyage
through the vast ocean of existence,
where every wave is an adventure,
and every port, a new place to discover.

Mi amor

Cuando te vi por vez primera,
tan sencilla y serena,
me atrapó tu esencia entera,
como un susurro en la arena,
por tu mirada que abraza,
por tu mente que ilumina,
por el alma que sin prisa
se entrelaza con la mía,
te hiciste un faro en mi vida,
guiando siempre mi paso.

Añoro envejecer a tu lado,
ver nuestro mundo florecer,
tejiendo historias al anochecer,
compartiendo sueños en silencio,
siendo cómplices en nuestro viaje,
hasta que el tiempo nos envuelva,
en un abrazo eterno,
solo tú y yo, en nuestro espacio.

Amore mio

Quando ti vidi per la prima volta,
così semplice e serena,
mi catturò la tua essenza intera,
come un sussurro nella sabbia,
per il tuo sguardo che abbraccia,
per la tua mente che illumina,
per l'anima che senza fretta
si intreccia con la mia,
sei diventata un faro nella mia vita,
guidando sempre il mio passo.

Desidero invecchiare al tuo fianco,
vedere il nostro mondo fiorire,
tessendo storie al calar della sera,
condividendo sogni in silenzio,
essendo complici nel nostro viaggio,
fino a quando il tempo ci avvolgerà,
in un abbraccio eterno,
solo io e te, nel nostro spazio.

My Love

When I first saw you,
so simple, yet so true,
your essence captured me whole,
like a whisper on the shore,
through your gaze that warmly embraces,
through your mind that brightly shines,
through the soul that, without haste,
entwines itself with mine,
you became a beacon in my life,
always guiding my way.

I long to grow old by your side,
to watch our world bloom,
weaving stories at twilight,
sharing dreams in quiet rooms,
being accomplices on this journey,
until time enfolds us both,
in an eternal embrace,
just you and I, in our own space.

Noche cómplice

Oh, noche estrellada,
vestida de gala,
cómplice de mi destino,
que me guías con tu brillo
a los brazos de mi amada.
Y me rindo al embrujo,
en la magia de sus besos.
La alborada se despierta,
susurrando caricias suaves,
como el roce de la brisa en las hojas,
como el calor del sol en la piel.

Notte complice

Oh, notte stellata,
vestita a festa,
complice del mio destino,
che mi guidi con il tuo splendore
tra le braccia della mia amata.
E mi arrendo all'incantesimo,
nella magia dei suoi baci.
L'alba si risveglia,
sussurrando carezze leggere,
come il soffio della brezza tra le foglie,
come il calore del sole sulla pelle.

Complicit Night

Oh, starry night,
dressed in your finest light,
complicit in my fate,
guiding me with your glow
to my beloved's embrace.
And I surrender to the spell,
in the magic of her kisses.
The dawn begins to wake,
whispering gentle caresses,
like the breeze brushing leaves,
like the sun's warmth on the skin.

Ilusión

En una noche sin estrellas,
caminaba por la orilla desierta,
donde la arena susurraba secretos
y el mar cantaba con voz incierta,
cuando un murmullo atrevido
me interrogó sin vacilar:
¿Te has robado la luna?

No me he robado la luna;
he robado, sí, la ilusión,
para sembrarla en la tierra,
y verla florecer con pasión.

Illusione

In una notte senza stelle,
camminavo lungo la riva deserta,
dove la sabbia sussurrava segreti
e il mare cantava con voce incerta,
quando un mormorio audace
mi chiese senza esitare:
Ti sei rubato la luna?

Non ho rubato la luna;
ho rubato, sì, l'illusione,
per seminarla nella terra,
e vederla fiorire con passione.

Illusion

On a starless night,
I walked along the deserted shore,
where the sand whispered secrets,
and the sea sang with a voice unsure,
when a daring murmur
asked me without delay:
"Have you stolen the moon?"

No, I haven't stolen the moon;
I've stolen, yes, the illusion,
to plant it in the earth,
and watch it bloom with passion.

Una sola alma

Bastó un instante
para que la lluvia tejiera,
con sus hilos de plata,
el manto de tu amor.

Bajo el estruendo,
de truenos y centellas,
tus besos dejan huellas
en mi piel y corazón.

La danza de relámpagos,
pinta sombras en la pared,
nuestros cuerpos se entrelazan
fundiéndose en la tormenta.

En el delirio
de meteoros y fragores,
nuestras almas, teñidas de luz,
se encuentran, se pierden,
y resurgen en pasión.

Una sola anima

Bastò un istante
perché la pioggia tessesse,
con i suoi fili d'argento,
il manto del tuo amore.
Sotto il fragore,
di tuoni e fulmini,
i tuoi baci lasciano tracce
sulla mia pelle e nel mio cuore.
La danza dei fulmini,
dipinge ombre sul muro,
i nostri corpi si intrecciano
fondendosi nella tempesta.
Nel delirio
di meteore e fragori,
le nostre anime, tinte di luce,
si incontrano, si smarriscono,
e risorgono nella passione.

One Single Soul

In a fleeting instant,
rain wove with silver threads,
the mantle of your love,
upon which my heart treads.
Amidst thunder's roar,
and bright lightning's flare,
your kisses etch their mark
on my skin, unaware.
Lightning's dance sketches
shadows on the wall,
our bodies intertwine,
melded in the storm's thrall.
In the delirium of meteors,
and a clamorous sky's fashion,
our souls, bathed in light,
meet, lose, and rise in passion.

Glosario

Acacia: La acacia es un símbolo que representa la inmortalidad, la pureza y la inocencia. Este símbolo proviene de la antigua leyenda, en la que se cree que la acacia, una planta resistente y perenne, era utilizada para marcar el lugar de descanso final de Hiram Abif, el legendario maestro constructor del Templo de Salomón. En la masonería, la acacia simboliza la supervivencia del alma después de la muerte y la continuidad de la vida más allá del plano material. Es un recordatorio de que, aunque el cuerpo físico puede perecer, el espíritu y las virtudes que se cultivan durante la vida son eternos. Además, la acacia representa la pureza de intención y la integridad moral que debe guiar las acciones de todo masón. Durante los rituales masónicos, la acacia se utiliza como un emblema de esperanza y resurrección, indicando que la vida es un ciclo continuo y que el alma, al igual que la acacia, persiste y florece más allá de las pruebas y tribulaciones de la existencia terrenal. Este símbolo invita al iniciado a reflexionar sobre la naturaleza de la inmortalidad y el legado espiritual que cada uno deja tras su paso por el mundo.

Albigenses: Los Albigenses fueron un movimiento cristiano heterodoxo que surgió en el sur de Francia durante la Edad Media, conocido también como los cátaros. Este grupo se asoció con una interpretación dualista del cristianismo, en la que el mundo material era visto como una creación maligna y llena de sufrimiento, mientras que el mundo espiritual provenía de un Dios bondadoso. Los Albigenses creían que Jesús era una entidad espiritual enviada por el Dios bueno para liberar a las almas del cautiverio material, rechazando la naturaleza divina del cuerpo de Cristo. Este movimiento fue considerado herético por la Iglesia Católica, lo que llevó a la organización de la Cruzada Albigense en el siglo XIII. Esta cruzada, promovida por el Papa Inocencio III, culminó en la brutal persecución y exterminio de los Albigenses, quienes fueron sometidos a masacres, torturas y ejecuciones en un esfuerzo por erradicar sus creencias. En la obra, los Albigenses simbolizan la lucha entre el bien y el mal, la pureza espiritual frente a la corrupción del mundo material, y la resistencia frente a la persecución.

Allegro y Andante: "Allegro" y "Andante" son términos musicales que describen el tempo o la velocidad de una pieza musical. "Allegro" indica un tempo rápido y alegre, mientras que "Andante" se refiere a un tempo más moderado y caminante, que sugiere un ritmo tranquilo y fluido. En esta obra estos términos musicales son utilizados como metáforas del ritmo de la vida. "Allegro" simboliza los momentos de dinamismo, energía y acción rápida, donde la vida se mueve con vigor y determinación. Por otro lado, "Andante" representa los períodos de reflexión, calma y avance constante, donde la vida se desarrolla a un ritmo más pausado y contemplativo. Estos términos reflejan la dualidad de la existencia, donde se alternan fases de intensa actividad con momentos de serenidad y reflexión. Juntos, "Allegro" y "Andante" nos recuerdan la importancia de equilibrar el ritmo de nuestras vidas, apreciando tanto los tiempos de esfuerzo y logro como aquellos de descanso y meditación.

Altar: El altar es un lugar simbólico de profunda reflexión, donde se invita al individuo a meditar sobre la subjetividad, el materialismo, la inmanencia y la trascendencia. En este espacio, el iniciado se enfrenta a las preguntas fundamentales sobre la naturaleza de la existencia, el propósito de la vida y la relación entre lo temporal y lo eterno. El altar simboliza el punto de convergencia entre lo material y lo espiritual, un lugar donde se realiza la introspección y se busca la conexión con los principios más elevados de la ética y la moralidad.

Bogomilos: Los Bogomilos fueron un movimiento religioso medieval que se originó en los Balcanes, particularmente en Bulgaria, en el siglo X. Este grupo también adoptó una interpretación dualista del cristianismo, influenciada por el maniqueísmo y el paulicianismo. Según los Bogomilos, el mundo material fue creado por un ángel caído o demonio, mientras que el mundo espiritual era obra de un Dios benevolente. Ellos veían a Jesús como un ser espiritual que había venido a liberar las almas atrapadas en la creación maligna. La doctrina de los Bogomilos, que rechazaba muchas prácticas y sacramentos de la Iglesia Católica, fue vista como una amenaza por las autoridades eclesiásticas. Esto resultó en su persecución, y muchos de sus seguidores fueron arrestados, torturados y ejecutados. Como los Albigenses, los Bogomilos simbolizan en la obra la dualidad entre el bien y el mal, así como la lucha de las creencias espirituales contra la opresión y la persecución religiosa.

Cámara de Reflexiones: La Cámara de Reflexiones es un espacio simbólico dentro de la tradición masónica donde el iniciado es invitado a meditar sobre su vida, sus principios y su camino espiritual. Este espacio está diseñado para inducir un estado de introspección profunda. Tradicionalmente, la Cámara de Reflexiones es una pequeña habitación, a menudo pintada de negro, equipada con varios símbolos y elementos significativos, como un cráneo, un reloj de arena, un gallo, sal, azufre, pan y agua. Estos elementos simbolizan la mortalidad, el paso del tiempo, el renacimiento, la purificación, la vida y la sustancia de la existencia. Dentro de la Cámara de Reflexiones, el iniciado se sienta solo, rodeado de estos símbolos, y se le pide que reflexione sobre su propia mortalidad, su propósito en la vida, y su disposición para iniciar un camino de perfeccionamiento moral. Es un momento de contemplación en el que el individuo evalúa sus miedos, sus motivaciones y su compromiso con la búsqueda del conocimiento y la verdad. La meditación en este espacio es un preludio al proceso de transformación personal que la iniciación masónica simboliza, preparando al individuo para un mayor entendimiento de sí mismo y su lugar en el universo.

Cátaros: Los Cátaros, también conocidos como Albigenses, fueron un movimiento cristiano dualista que floreció en el sur de Francia y el norte de Italia durante los siglos XI y XII. Al igual que los Bogomilos y Albigenses, los Cátaros creían en un dualismo radical que separaba el mundo material, visto como corrupto y maligno, del mundo espiritual, creado por un Dios bondadoso. Para los Cátaros, Jesús era un espíritu puro que no había asumido un cuerpo físico corrupto, sino que había venido a enseñar la pureza y la verdad espiritual. El movimiento cátaro fue duramente perseguido por la Iglesia Católica, que lo consideró herético debido a sus doctrinas contrarias a la ortodoxia cristiana. La Cruzada Albigense, liderada por el Papa Inocencio III, y la Inquisición posterior, resultaron en la supresión violenta de los Cátaros, quienes fueron exterminados en gran número a través de masacres y autos de fe. En la obra, los Cátaros simbolizan la pureza espiritual y la resistencia a la corrupción y la opresión, así como la trágica persecución de aquellos que se apartan de las doctrinas establecidas.

Cincelar la Piedra: "Cincelar la piedra" es una metáfora central en la masonería que simboliza el trabajo continuo y consciente del individuo para perfeccionarse moral, intelectual y espiritualmente. Este proceso se representa mediante el uso de herramientas simbólicas como el cincel, el mazo y la piedra bruta. Cincel: El cincel es una herramienta que representa la precisión, la atención al detalle y el conocimiento. En la masonería, el cincel simboliza la capacidad de discernir y refinar nuestros pensamientos y acciones. Con esta herramienta, el iniciado aprende a eliminar las asperezas de su carácter, cortando con precisión los aspectos negativos y groseros de su vida para aproximarse a la perfección moral. Mazo: El mazo es la herramienta que proporciona la fuerza necesaria para accionar el cincel. Simboliza la voluntad, la determinación y la energía que el individuo debe aplicar en su trabajo de auto-mejora. El mazo, cuando se utiliza junto con el cincel, permite al masón trabajar con eficacia sobre su piedra bruta, moldeando su vida y carácter según los principios de la justicia, la sabiduría y la belleza. Piedra Bruta: La piedra bruta representa al ser humano en su estado natural, sin refinar, lleno de imperfecciones y asperezas. En la masonería, la piedra bruta simboliza la vida del iniciado antes de empezar el proceso de perfeccionamiento. Es la materia prima que, a través del trabajo personal y el uso de las herramientas del conocimiento y la virtud, se transforma en una piedra cúbica, es decir, en un ser moralmente completo y armonioso, apto para ser parte del "templo" simbólico de la humanidad. Cincelar la piedra en el contexto masónico implica el esfuerzo constante de perfeccionar el propio carácter. El cincel y el mazo, cuando se aplican a la piedra bruta, simbolizan las acciones conscientes y voluntarias que moldean al individuo hacia la excelencia moral, preparando así al masón para ser una parte integral y valiosa del edificio simbólico que representa la fraternidad humana y la búsqueda de la verdad.

Compás: El compás es un símbolo de moderación, equilibrio y autocontrol en la vida del ser humano. Representa la capacidad de trazar límites justos y medidos en nuestras acciones y relaciones, evitando los excesos y manteniendo un enfoque centrado en la armonía y la proporcionalidad. El compás nos enseña a actuar con moderación, guiando nuestras decisiones para que estén en sintonía con un sentido profundo de equidad y equilibrio. En un sentido filosófico, el compás nos recuerda la importancia de mantener un control sobre nuestras pasiones y deseos, asegurando que nuestras decisiones no se vean dominadas por impulsos desmedidos, sino por una razón equilibrada y consciente. Así, el compás se convierte en una herramienta simbólica para cultivar la autodisciplina y la sabiduría en la búsqueda de una vida justa y armoniosa.

Delta: El "Delta" es un símbolo que representa la conexión entre lo humano y lo divino, así como el equilibrio entre los tres pilares fundamentales: sabiduría, fuerza y belleza. En un contexto filosófico-moral, el Delta es una metáfora de la perfección geométrica y del conocimiento elevado, actuando como un recordatorio de la importancia de mantener un equilibrio en todas las facetas de la vida. Este triángulo equilátero, con sus tres lados iguales, simboliza la armonía y la proporcionalidad que deben guiar las acciones del individuo. Es una invitación a buscar la unidad y la integridad en el pensamiento y en las acciones, reflejando la búsqueda del equilibrio entre el cuerpo, la mente y el espíritu.

Egregora: Una egregora es un concepto esotérico que se refiere a una energía o entidad colectiva creada por las emociones, pensamientos y acciones de un grupo de personas. Esta energía colectiva puede ser alimentada y mantenida por la concentración y la intención compartida de sus miembros, y se cree que puede influir en el comportamiento y las decisiones del grupo. En un contexto filosófico-moral, una egregora simboliza la capacidad del colectivo para crear una fuerza común que trasciende a los individuos. Esta fuerza puede ser tanto positiva como negativa, dependiendo de la intención y la dirección de la energía colectiva. Las egregoras nos recuerdan el poder de la unidad y la colaboración, y cómo la suma de las voluntades individuales puede dar lugar a una influencia significativa, ya sea en la búsqueda de un bien mayor o en la perpetuación de un ideal o propósito común.

Escuadra: La escuadra es una herramienta que simboliza la rectitud, la integridad y la justicia en el comportamiento humano. Su función es guiar al individuo en la construcción de una vida basada en principios sólidos y valores éticos. Utilizada como metáfora, la escuadra nos recuerda la importancia de mantener una conducta justa y equilibrada en todas nuestras acciones y decisiones, asegurando que nuestras relaciones con los demás sean marcadas por la equidad y la moralidad. Este símbolo no solo se refiere a la corrección técnica en un sentido práctico, sino también a la corrección moral en la vida cotidiana. Nos invita a reflexionar sobre cómo nuestras acciones deben alinearse con los ideales de justicia y honestidad, tanto en el ámbito personal como en el social. La escuadra, por lo tanto, actúa como una guía constante para vivir de manera recta y justa, construyendo una existencia basada en la ética y el respeto mutuo.

Espada Flamígera: La Espada Flamígera es un símbolo masónico que representa la justicia, la verdad y el poder de la razón para disipar la ignorancia y la oscuridad. Su característica distintiva es una hoja ondulada o en forma de llama, que simboliza el fuego purificador y la luz que ilumina el camino del conocimiento. En la tradición masónica, la Espada Flamígera es utilizada para proteger la entrada del Templo y como emblema de la autoridad moral y la claridad de pensamiento. Esta espada no solo representa la capacidad de cortar a través de la falsedad y el error, sino también la necesidad de mantener la vigilancia constante sobre la integridad y la virtud. Es un recordatorio de que la lucha por la justicia y la verdad requiere coraje, determinación y un compromiso inquebrantable con los principios más elevados. En un sentido más amplio, la Espada Flamígera puede interpretarse como el símbolo del poder de la mente y del espíritu para enfrentar los desafíos y superar las pruebas en la búsqueda de la iluminación y la perfección moral.

Flauta Encantada: En esta obra la "Flauta Encantada" es un instrumento mágico que simboliza la pureza y el poder del amor. Inspirada en la ópera "La Flauta Mágica" de Mozart, donde la flauta tiene la capacidad de cambiar el destino de los personajes, en la epopeya, este instrumento representa la fuerza trascendental del amor, capaz de superar las pruebas más difíciles y de transformar las circunstancias adversas. La Flauta Encantada es un símbolo de la capacidad del amor para purificar, sanar y guiar a los personajes hacia un estado de armonía y felicidad.

Garra del Maestro: En la tradición masónica, la "Garra del Maestro" es un símbolo que representa el resurgimiento o la resurrección simbólica. Este gesto es utilizado en rituales para levantar al iniciado caído, simbolizando su renacimiento espiritual y moral. En un contexto filosófico-moral la "Garra del Maestro" puede interpretarse como la ayuda y el apoyo que permite a un individuo superar las adversidades y los momentos de crisis, dándole la fuerza necesaria para reemprender su camino con una renovada perspectiva. Este símbolo trasciende su origen ritual para representar la idea de que, en los momentos más oscuros, siempre existe la posibilidad de levantarse y renovarse. La "Garra del Maestro" nos recuerda que el verdadero crecimiento y aprendizaje a menudo provienen de nuestras caídas y desafíos, y que la resiliencia y la capacidad de resurgir son esenciales en la búsqueda de una vida plena y ética.

Gran Arquitecto de los Mundos: El "Gran Arquitecto de los Mundos" es una metáfora que simboliza la fuerza creadora y organizadora que rige la totalidad del cosmos. Este símbolo ofrece a cada iniciado la libertad de proyectar su propio concepto de trascendencia, sea este religioso, filosófico o espiritual. Representa la idea de un principio que da forma y orden al universo en su vastedad y complejidad, guiando el desarrollo de todos los mundos, tanto visibles como invisibles. Al referirse al "Gran Arquitecto de los Mundos," el iniciado encuentra un reflejo de la búsqueda de armonía y propósito en la vida, reconociendo un orden superior que trasciende lo mundano.

Gran Arquitecto del Universo: El "Gran Arquitecto del Universo" es un símbolo universal que representa la causa primera, el orden y el sostén del cosmos. Es una metáfora de la perfección y del infinito, que permite a cada iniciado proyectar su propio entendimiento de lo trascendental sin ataduras a dogmas o creencias específicas. Este concepto se caracteriza por su flexibilidad interpretativa, brindando a cada individuo la libertad de explorar y definir su relación con el principio que ordena el universo. En su esencia, el "Gran Arquitecto del Universo" no prescribe una única visión teológica, sino que ofrece un espacio inclusivo donde cada persona puede reflexionar sobre la naturaleza del cosmos y su lugar en él. Al invocar este símbolo, se invita al iniciado a ver la existencia como parte de un diseño más grande, y a contribuir conscientemente en la construcción de un mundo fundamentado en principios de justicia, verdad y equidad.

Guardián del Templo: El Guardián del Templo simboliza la responsabilidad de proteger y preservar los valores fundamentales y el espacio sagrado del conocimiento interior. Esta figura representa la vigilancia constante sobre los principios éticos y morales que guían la vida del individuo, asegurando que el "templo" personal, es decir, la integridad y la virtud, se mantengan intactos frente a las influencias negativas y los desafíos externos. En un contexto filosófico-moral, el Guardián del Templo es la encarnación de la autodisciplina y la firmeza de carácter. Actúa como el defensor de la pureza moral y la rectitud, impidiendo que lo superficial o corrupto perturbe el desarrollo espiritual y ético. Su función es recordar la importancia de mantener un compromiso inquebrantable con los ideales más elevados, protegiendo el santuario interno donde se cultivan la sabiduría, la justicia y la verdad.

Hiram Abif: Hiram Abif es una figura central en la leyenda del tercer grado de la masonería simbólica y es ampliamente reconocido en el simbolismo masónico como un modelo de integridad, lealtad y sacrificio. Hiram Abif es mencionado en la Biblia, en los libros de Reyes y Crónicas, como un maestro artesano enviado por el rey de Tiro, Hiram I, para ayudar al rey Salomón en la construcción del Templo de Jerusalén. En el contexto bíblico, Hiram Abif es descrito como un hombre sabio y habilidoso, experto en la fundición de bronce, así como en la construcción de altares, utensilios sagrados y otros elementos esenciales para el Templo de Salomón. Su talento y conocimiento lo hacen indispensable en la edificación del Templo, una estructura sagrada y monumental destinada a ser la casa de Dios. En la tradición masónica, Hiram Abif se presenta como el "Gran Maestro Constructor" del Templo de Salomón, responsable no solo de la dirección técnica de la obra, sino también del custodia de los secretos más importantes del arte de la construcción. Según la leyenda, Hiram Abif fue asesinado por tres obreros que querían arrancarle la "Palabra Sagrada" o los secretos del oficio que él se negó a revelar, permaneciendo fiel a su juramento hasta el último momento. Este relato es una alegoría poderosa dentro de la masonería, donde Hiram Abif representa el ideal de un hombre que vive y muere por sus principios, manteniendo su integridad incluso frente a la muerte. Su historia se utiliza para enseñar a los masones lecciones sobre la fidelidad, el sacrificio, la perseverancia, y la importancia de mantener los valores y secretos sagrados. Hiram Abif, por tanto, no es solo un personaje histórico o bíblico, sino una figura simbólica cuyo legado en la masonería se manifiesta en los rituales, las enseñanzas y los valores que la fraternidad promueve. A través de la leyenda de Hiram Abif, los masones aprenden sobre la importancia de la moralidad, la lealtad y la responsabilidad en su búsqueda de la verdad y el perfeccionamiento personal.

Isis y Osiris: Isis y Osiris son divinidades egipcias que aparecen en "La Flauta Mágica" de Mozart, donde son invocadas para ofrecer protección y guía espiritual. En la ópera, representan el ideal de la vida después de la muerte, la justicia y el renacimiento, simbolizando la trascendencia y la conexión con lo divino.

Juwes: Los "Juwes" son figuras simbólicas asociadas con la leyenda del tercer grado de la masonería simbólica, que representan las fuerzas de descontrol interior que pueden desviar al individuo de su camino de rectitud, sabiduría y justicia. Estos personajes, conocidos como Jubela, Jubelo y Jubelum, son los responsables del asesinato de Hiram Abíf, el maestro constructor del Templo de Salomón, en su vana búsqueda de la Palabra Sagrada. La paradoja de los Juwes radica en que, aunque buscaron la Palabra Sagrada de manera destructiva y externa, en realidad ya la poseían dentro de ellos mismos. Los nombres de estos personajes contienen las letras del Tetragrámaton, la palabra sagrada cuya pronunciación simboliza la luz y el conocimiento divino. Sin embargo, cegados por la ignorancia y el descontrol interno, no supieron reconocer que la luz que buscaban ya habitaba en ellos, cayendo así en la oscuridad y la tiniebla. Esta metáfora subraya la importancia de la introspección y el autocontrol, enseñando que el verdadero conocimiento y la iluminación no se encuentran fuera, sino dentro del propio ser. La historia de los Juwes es una advertencia sobre los peligros de la búsqueda externa de poder y conocimiento, y la necesidad de cultivar la sabiduría interior para evitar caer en la ignorancia y la autodestrucción.

La Flauta Mágica: "La Flauta Mágica" es una ópera compuesta por Wolfgang Amadeus Mozart, estrenada en 1791. Esta obra es reconocida no solo por su belleza musical, sino también por estar profundamente impregnada de simbolismo masónico. A través de su narrativa, la ópera presenta una serie de pruebas y rituales que los personajes deben superar, simbolizando el viaje iniciático hacia la iluminación, la búsqueda de la verdad y la lucha entre la luz y la oscuridad. Los elementos y personajes, como el Templo de la Sabiduría y las pruebas de Tamino y Pamina, reflejan los ideales masónicos de sabiduría, virtud y trascendencia espiritual.

Las Dos Columnas (B y J): Las columnas "B" y "J" son símbolos profundamente significativos que se encuentran en la entrada del Templo de Salomón. Estas columnas representan dos principios fundamentales que sustentan la estructura moral y espiritual del individuo. Columna "B" se asocia con la fuerza y el poder. Representa la fortaleza interior necesaria para sostener y soportar las pruebas de la vida. En el contexto masónico, simboliza la estabilidad y la capacidad de mantenerse firme ante la adversidad. Es el pilar que brinda soporte al iniciado en su camino de crecimiento personal y espiritual. Columna "J" simboliza la estabilidad, la belleza y el establecimiento. Se asocia con la estabilidad moral y la rectitud, representando el equilibrio y la justicia que deben guiar las acciones del iniciado. Juntas, las columnas "B" y "J" simbolizan el equilibrio perfecto entre la fuerza y la belleza, entre el poder y la justicia. Estas columnas no solo flanquean la entrada al Templo, sino que también marcan el umbral que el iniciado debe cruzar en su viaje hacia la sabiduría y la iluminación. Son un recordatorio constante de que la verdadera edificación de la vida requiere tanto la fortaleza interior como el compromiso con los valores morales que sostienen la justicia y la verdad.

LVX: "LVX" es una palabra que deriva del latín y significa "luz". Este término simboliza el conocimiento, la verdad y la claridad espiritual en su sentido más elevado. En un contexto filosófico-moral, la luz representa la iluminación interior y el camino hacia la sabiduría, guiando al individuo desde la oscuridad de la ignorancia hacia el entendimiento y la virtud. La "LVX" es tanto una metáfora del despertar intelectual como del desarrollo moral, sirviendo como un faro que orienta al iniciado en su búsqueda de principios éticos y de verdad.

Es el principio que revela los misterios del universo y de la naturaleza del ser, inspirando al individuo a vivir conforme a los valores más elevados y a iluminar su propio camino y el de los demás.

Maestro Filósofo: En la obra el Maestro Filósofo es una figura simbólica que representa la conciencia más elevada del personaje principal, Resvrgam. Esta figura actúa como guía y mentor interno, acompañando al protagonista en su viaje espiritual y moral. El Maestro Filósofo no es solo una voz de sabiduría, sino también un reflejo del proceso de autoconocimiento profundo y de la lucha interna que enfrenta Resvrgam en su búsqueda de la verdad y la virtud. El Maestro Filósofo personifica el "Maestro Secreto" del cuarto grado del Rito Escocés Antiguo y Aceptado (REAA), que simboliza la introspección, la autoevaluación y la vigilancia constante sobre las propias acciones y pensamientos. Este grado es fundamental para el desarrollo personal, pues marca el momento en que el iniciado comienza a convertirse en el guardián de los secretos más profundos de su ser, explorando tanto los misterios del mundo exterior como los de su propio espíritu. En la narrativa de la obra, el Maestro Filósofo es la voz interior que desafía a Resvrgam a confrontar sus debilidades y a perseverar en su camino hacia la iluminación. Representa el equilibrio entre la razón y la emoción, la justicia y la compasión, instando al protagonista a actuar con integridad y sabiduría en todas sus decisiones. La presencia del Maestro Filósofo es constante, actuando como un faro en medio de la oscuridad, y simboliza la aspiración del ser humano hacia un ideal ético y espiritual superior.

Maestro Secreto (Grado 4 del Rito Escocés Antiguo y Aceptado - REAA): En el contexto de la obra, el "Maestro Secreto" es representado por el "Maestro Filósofo," quien simboliza la conciencia del individuo. Este grado es un momento crucial en el desarrollo personal y espiritual, donde el iniciado comienza a explorar con mayor profundidad los misterios tanto del mundo exterior como de su propio ser interior. El Maestro Secreto o Maestro Filósofo actúa como la personificación de la conciencia, esa voz interior que orienta al individuo hacia la verdad, la justicia y la sabiduría. Este grado resalta la importancia de la introspección y el autoconocimiento, instando al iniciado a ser un guardián de los secretos más profundos y esenciales que residen en su interior. El Maestro Filósofo, en su papel como conciencia, no solo guía en la toma de decisiones éticas, sino que también confronta las debilidades y empuja al individuo hacia una mejora continua. En este grado, el iniciado aprende a equilibrar la razón con las emociones y el deber con el deseo, guiado por la conciencia como su más confiable consejero. El Maestro Secreto, por lo tanto, no es solo un título o un nivel en el rito, sino un estado de ser que refleja la integración profunda de la sabiduría y la justicia en la vida cotidiana, bajo la guía constante de una conciencia fortalecida y esclarecida.

Maniqueísmo: El maniqueísmo es una religión dualista fundada por el profeta Mani en el siglo III d.C. en Persia (actual Irán). Mani, influenciado por diversas tradiciones religiosas, incluyendo el zoroastrismo, el cristianismo, y el budismo, desarrolló una cosmología que se centraba en la lucha entre dos principios eternos y opuestos: el bien y el mal, la luz y la oscuridad. En la filosofía maniquea, el mundo material es visto como una creación del mal, gobernado por las fuerzas de la oscuridad, mientras que el mundo espiritual es la manifestación del bien, gobernado por las fuerzas de la luz. Según esta doctrina, las almas humanas, que contienen partículas de luz, están atrapadas en el mundo material y deben ser liberadas a través de un proceso de conocimiento y purificación. El maniqueísmo sostiene que el universo es un campo de batalla entre estas dos fuerzas, y que el propósito último del ser humano es participar en la liberación de la luz, ayudando a restaurar el orden original del cosmos. Esta filosofía dualista tuvo una amplia influencia en diversas regiones y culturas antes de ser suprimida por otras religiones dominantes, como el cristianismo y el islam. La religión maniquea fue perseguida por las autoridades religiosas y políticas de la época, siendo considerada herética tanto por el cristianismo como por el zoroastrismo. A pesar de esto, su influencia perduró durante siglos, especialmente a través de movimientos dualistas posteriores como el bogomilismo y el catarismo. En la obra, el maniqueísmo representa la eterna lucha entre el bien y el mal, y el desafío de reconocer y actuar en favor de la luz en un mundo marcado por la oscuridad.

Monostatos: Monostatos es un personaje en "La Flauta Mágica" de Mozart, donde representa la maldad y la corrupción. En la ópera, es el guardián del templo que, movido por el deseo y la envidia, intenta forzar a Pamina, la heroína, lo que lo convierte en un antagonista despreciable que contrasta con los personajes virtuosos. En esta obra Monostatos mantiene su rol como símbolo de la maldad, pero su carácter encarna las fuerzas internas de corrupción y desintegración que el protagonista debe enfrentar.

Oráculo de Delfos: El Oráculo de Delfos es una referencia con profundas raíces en la antigüedad griega. Ubicado en el Templo de Apolo en Delfos, este oráculo era considerado el más importante de la Grecia clásica, donde la sacerdotisa Pitia transmitía los mensajes de Apolo a aquellos que buscaban respuestas sobre su destino. En un contexto filosófico-moral, el Oráculo de Delfos simboliza la búsqueda de la verdad y la sabiduría. Es una metáfora de la introspección y la reflexión, donde el iniciado busca respuestas no solo en el mundo exterior, sino también en su interior. El lema inscrito en el templo, "Conócete a ti mismo," subraya la importancia del autoconocimiento en la búsqueda de la verdad y el entendimiento del universo.

Oriente: En el contexto masónico, "Oriente" se refiere a la dirección iniciática asociada con la búsqueda de la iluminación y el conocimiento. El Oriente es simbólicamente el lugar donde nace el sol, y por tanto, representa el amanecer del entendimiento, la claridad de la razón y la revelación de la verdad. En la logia masónica, el Oriente es el lugar donde se sienta el líder, como símbolo de la sabiduría y la guía espiritual. El término "Oriente" también evoca la idea de un viaje o peregrinaje hacia un estado de mayor conciencia y perfección moral. Es una metáfora del camino que debe seguir el iniciado para alcanzar la luz del conocimiento, dejando atrás la oscuridad de la ignorancia. En un sentido más amplio, el Oriente simboliza la meta espiritual que todo buscador de la verdad aspira a alcanzar, una fuente de inspiración constante en la práctica de la virtud y la búsqueda de la justicia.

Ormuzd y Ahriman: Ormuzd (también conocido como Ahura Mazda) y Ahriman (o Angra Mainyu) son divinidades del zoroastrismo, una de las religiones más antiguas del mundo, originaria de la antigua Persia. Ormuzd representa la divinidad del bien, la luz, la verdad y el orden cósmico, mientras que Ahriman simboliza las fuerzas del mal, la oscuridad, la mentira y el caos. En la cosmovisión zoroástrica, estas dos entidades están en constante conflicto, representando la dualidad fundamental entre el bien y el mal en el universo. Esta lucha entre Ormuzd y Ahriman es una metáfora del conflicto interno y externo que enfrenta cada individuo, reflejando la batalla por mantener la rectitud y la verdad frente a las tentaciones y las fuerzas destructivas. En un contexto filosófico-moral, esta dualidad invita a la reflexión sobre la naturaleza de la moralidad y el libre albedrío, así como sobre la responsabilidad personal en la lucha por el bien.

Papagena: Papagena es la compañera de Papageno en "La Flauta Mágica" de Mozart, representando el ideal del amor y la unión en su forma más pura y sencilla. En la ópera, Papagena es inicialmente oculta bajo un disfraz de anciana, pero luego se revela como una joven hermosa que se une a Papageno, simbolizando la recompensa del amor verdadero y la felicidad doméstica. En esta obra Papagena mantiene su simbolismo de amor y unión, pero su personaje es figura de redención y fuerza que ayuda a Papágeno superar los desafíos que enfrenta. Su amor es lo que impulsa a Papageno a seguir adelante en su lucha, representando una fuente de luz y esperanza en un mundo de oscuridad.

Papageno: Papageno es un personaje de la ópera "La Flauta Mágica" de Wolfgang Amadeus Mozart, donde representa la figura del hombre común, lleno de sencillez y humor, que busca el amor y la felicidad sin las grandes aspiraciones espirituales de otros personajes. En la ópera, Papageno es un pajarero que simboliza la inocencia y el deseo de una vida simple y sin complicaciones. En esta obra Papageno también simboliza la inocencia, pero su carácter se enfrenta a desafíos más oscuros y complejos que en la ópera de Mozart.

Pórtico del Templo: El pórtico del templo simboliza el umbral entre el mundo exterior y el espacio sagrado del conocimiento interior. Es un lugar de transición donde el individuo se prepara para la reflexión profunda y la búsqueda de la verdad. Al cruzar este pórtico, se deja atrás lo superficial y se inicia un viaje hacia la introspección y el autoconocimiento, en un proceso que requiere disposición para enfrentar las propias imperfecciones y trabajar en la construcción de una vida más consciente y significativa. En términos filosófico-morales, el pórtico del templo es una metáfora del momento en que uno decide adentrarse en el camino de la virtud y el crecimiento personal. Representa la entrada a un espacio de reflexión donde se cultivan los valores y principios que guiarán nuestras acciones hacia la justicia, la sabiduría y el bien común. Es el inicio de un compromiso con la mejora continua y la búsqueda de una vida ética y plena.

Profano: El término "profano" proviene del latín profanus, que se descompone en pro (delante de) y fanum (templo). Literalmente, significa "delante del templo," refiriéndose a aquello que está fuera del espacio reservado para la espiritualidad. En el contexto masónico, "profano" se utiliza para describir a aquellos que aún no han sido iniciados en la masonería, es decir, quienes están "fuera" o "delante" del espacio simbólico del conocimiento masónico. Aunque no han sido admitidos dentro de los "muros" de la logia, se les reconoce la posibilidad de comenzar un viaje iniciático de carácter espiritual y moral que la masonería representa. Por lo tanto, "profano" se refiere a estar fuera del conocimiento esotérico y de las enseñanzas de la masonería, pero con la capacidad de avanzar hacia adentro, hacia el templo del conocimiento y la sabiduría.

Reina de la Noche: La Reina de la Noche es la antagonista principal en "La Flauta Mágica" de Mozart, simbolizando la oscuridad, la venganza y la ignorancia. En la ópera, es la madre de Pamina y busca destruir a Sarastro y su templo de sabiduría, utilizando a Tamino para sus propios fines. En esta obra la Reina de la Noche sigue siendo un símbolo de las fuerzas oscuras que se oponen a la luz y la sabiduría. Su personaje representa los obstáculos y tentaciones que el individuo debe enfrentar y superar en su camino hacia la iluminación y la verdad. La Reina de la Noche encarna la resistencia al cambio, la ignorancia que se opone al conocimiento, y la oscuridad que amenaza con eclipsar la luz interior.

Sarastro: Sarastro es el gran sacerdote en "La Flauta Mágica" de Mozart, quien simboliza la sabiduría, la justicia y la luz. En la ópera, Sarastro es el líder benevolente del Templo de la Sabiduría, quien guía a los personajes hacia la iluminación y la verdad, contrastando fuertemente con la Reina de la Noche, que representa la oscuridad. En esta obra sigue siendo un símbolo de sabiduría y justicia. En esta obra, Sarastro es el guía que representa la voz de la razón y la conciencia, ayudando a los personajes a superar sus pruebas interiores y a alcanzar un entendimiento más profundo de su propósito y de la verdad universal.

Solsticio (21 de junio y 21 de diciembre): Los solsticios, que ocurren el 21 de junio (solsticio de verano) y el 21 de diciembre (solsticio de invierno), son eventos astronómicos que marcan los momentos en los que el Sol alcanza su posición más alta o más baja en el cielo, dando lugar al día más largo y la noche más corta del año (verano) y al día más corto y la noche más larga (invierno), respectivamente. En la masonería, los solsticios tienen un profundo significado simbólico. Estos eventos son vistos como representaciones del ciclo eterno de la luz y la oscuridad, la vida y la muerte, el conocimiento y la ignorancia. El solsticio de verano simboliza la máxima expansión de la luz, el poder y la vitalidad, mientras que el solsticio de invierno representa el renacimiento de la luz y la renovación del ciclo de la vida después de su máxima retirada. Los solsticios son momentos clave para la reflexión sobre los ciclos naturales y su correspondencia con el crecimiento personal y espiritual. En la masonería, estos momentos son simbólicos de la dualidad en la vida: el equilibrio entre las fuerzas opuestas y la necesidad de armonía entre ellas. Las ceremonias solsticiales, conocidas como "Fiestas de San Juan," se celebran en muchas logias masónicas en torno a los solsticios. El solsticio de verano está asociado con San Juan Bautista, y el solsticio de invierno con San Juan Evangelista. Estas festividades marcan los momentos en que los masones se reúnen para reflexionar sobre el simbolismo de la luz y la oscuridad, la muerte y la resurrección, y el paso del tiempo. Durante estas ceremonias, los masones renuevan sus compromisos con los principios de la fraternidad, la caridad y la verdad. Las ceremonias incluyen rituales, discursos, y actos simbólicos que enfatizan la importancia del equilibrio entre la luz (conocimiento, verdad, vida) y la oscuridad (ignorancia, error, muerte) en la búsqueda de la perfección moral y espiritual. Las fiestas solsticiales también son momentos de cohesión y unidad dentro de la logia, donde los masones celebran la fraternidad y reflexionan sobre el ciclo continuo de la vida, entendiendo que cada solsticio es tanto un final como un comienzo, un recordatorio de la perpetuidad del conocimiento y la necesidad constante de búsqueda de la luz.

Tapiz Ajedrezado: El "Tapiz Ajedrezado" es un símbolo que representa la dualidad inherente a la condición humana, como el bien y el mal, la luz y la oscuridad, o la vida y la muerte. En un contexto filosófico-moral, este tapiz simboliza el campo en el que se desarrollan las acciones y decisiones humanas, un espacio donde se entrelazan los contrastes y las oposiciones. El tapiz ajedrezado invita al individuo a reconocer y comprender esta dualidad, exhortándolo a equilibrar los aspectos contrapuestos de su vida. Es un recordatorio constante de la importancia de actuar con justicia y discernimiento en un mundo lleno de contrastes, buscando siempre la armonía y la rectitud en sus elecciones y comportamientos.

Tritemica: Relativo a Tritemio: Johannes Trithemius (1462-1516), conocido como Tritemio, fue un monje y erudito renacentista, famoso por desarrollar un método de cifrado polialfabético que se convirtió en una referencia crucial en la historia de la criptografía. Este método, que combina varias técnicas de codificación para ocultar mensajes, fue posteriormente utilizado para decodificar los "Cipher Manuscripts", un conjunto de documentos esotéricos que forman la base de las enseñanzas de la Orden Hermética de la Golden Dawn. La Golden Dawn, fundada en el siglo XIX por masones, es una orden que se destaca por estar abierta tanto a hombres como a mujeres, diferenciándose en este aspecto de la Societas Rosacruciana in Anglia, una sociedad asociada con la Gran Logia Unida de Inglaterra, que es exclusivamente masculina. Ambas organizaciones comparten un interés profundo por el estudio de las tradiciones herméticas.

Venerable Maestro: El Venerable Maestro es una figura simbólica que encarna la sabiduría, la guía moral y el liderazgo ético. Representa a la persona que ha alcanzado un nivel elevado de conocimiento y virtudes, y que está capacitada para guiar a otros en su desarrollo personal y moral. Este rol es asumido por quien, a través de su experiencia y rectitud, puede orientar a los demás hacia una vida más justa, equilibrada y significativa. Desde un enfoque filosófico-moral, el Venerable Maestro simboliza la autoridad basada en el respeto y la integridad, más que en el poder. Es un modelo de conducta que inspira a otros a seguir el camino de la virtud, promoviendo la reflexión, el aprendizaje y el crecimiento personal. Su liderazgo se fundamenta en la equidad, la comprensión y el compromiso con el bien común, actuando como un faro de sabiduría en la comunidad.

Wolfgang Amadeus Mozart: Wolfgang Amadeus Mozart (1756-1791) fue un compositor austriaco, considerado uno de los más grandes genios musicales de todos los tiempos. A lo largo de su vida, compuso más de 600 obras, abarcando sinfonías, conciertos, óperas y música de cámara. Además de su impacto en la música clásica, Mozart fue también un miembro de la masonería, organización a la que se unió en 1784. Su pertenencia a la masonería influyó notablemente en su vida y obra, incluyendo su última ópera, "La Flauta Mágica," que está cargada de simbolismo masónico y refleja sus ideales de fraternidad, sabiduría y búsqueda de la iluminación espiritual.

Glossario

Acacia: L'acacia è un simbolo che rappresenta l'immortalità, la purezza e l'innocenza. Questo simbolo deriva da un'antica leggenda, secondo la quale l'acacia, una pianta resistente e perenne, veniva utilizzata per segnare il luogo di riposo finale di Hiram Abif, il leggendario maestro costruttore del Tempio di Salomone. Nella massoneria, l'acacia simboleggia la sopravvivenza dell'anima dopo la morte e la continuità della vita oltre il piano materiale. È un promemoria del fatto che, sebbene il corpo fisico possa perire, lo spirito e le virtù coltivate durante la vita sono eterni. Inoltre, l'acacia rappresenta la purezza d'intento e l'integrità morale che devono guidare le azioni di ogni massone. Durante i rituali massonici, l'acacia viene utilizzata come emblema di speranza e resurrezione, indicando che la vita è un ciclo continuo e che l'anima, come l'acacia, persiste e fiorisce oltre le prove e le tribolazioni dell'esistenza terrena. Questo simbolo invita l'iniziato a riflettere sulla natura dell'immortalità e sul lascito spirituale che ognuno lascia nel mondo.

Albigesi: Gli Albigesi furono un movimento cristiano eterodosso emerso nel sud della Francia durante il Medioevo, conosciuto anche come Catari. Questo gruppo era associato a un'interpretazione dualista del cristianesimo, in cui il mondo materiale era visto come una creazione malvagia e piena di sofferenza, mentre il mondo spirituale proveniva da un Dio benevolo. Gli Albigesi credevano che Gesù fosse un'entità spirituale inviata dal Dio buono per liberare le anime dalla prigionia materiale, rifiutando la natura divina del corpo di Cristo. Questo movimento fu considerato eretico dalla Chiesa Cattolica, il che portò all'organizzazione della Crociata Albigese nel XIII secolo. Questa crociata, promossa da Papa Innocenzo III, culminò nella brutale persecuzione ed eliminazione degli Albigesi, i quali furono sottoposti a massacri, torture ed esecuzioni nel tentativo di sradicare le loro credenze. Nella tradizione massonica, gli Albigesi simboleggiano la lotta tra il bene e il male, la purezza spirituale contro la corruzione del mondo materiale, e la resistenza di fronte alla persecuzione.

Allegro e Andante: "Allegro" e "Andante" sono termini musicali che descrivono il tempo o la velocità di un brano musicale. "Allegro" indica un tempo rapido e gioioso, mentre "Andante" si riferisce a un tempo più moderato e camminato, che suggerisce un ritmo tranquillo e fluido. In quest'opera, questi termini musicali sono utilizzati come metafore del ritmo della vita. "Allegro" simboleggia i momenti di dinamismo, energia e azione rapida, in cui la vita si muove con vigore e determinazione. D'altra parte, "Andante" rappresenta i periodi di riflessione, calma e progresso costante, in cui la vita si sviluppa a un ritmo più lento e contemplativo. Questi termini riflettono la dualità dell'esistenza, in cui si alternano fasi di intensa attività con momenti di serenità e riflessione. Insieme, "Allegro" e "Andante" ci ricordano l'importanza di bilanciare il ritmo delle nostre vite, apprezzando sia i tempi di impegno e successo, sia quelli di riposo e meditazione.

Altare: L'altare è un luogo simbolico di profonda riflessione, dove si invita l'individuo a meditare sulla soggettività, il materialismo, l'immanenza e la trascendenza. In questo spazio, l'iniziato si confronta con le domande fondamentali sulla natura dell'esistenza, sullo scopo della vita e sulla relazione tra il temporale e l'eterno. L'altare simboleggia il punto di convergenza tra il materiale e lo spirituale, un luogo dove si compie l'introspezione e si cerca la connessione con i principi più elevati dell'etica e della moralità.

Bogomili: I Bogomili furono un movimento religioso medievale che ebbe origine nei Balcani, in particolare in Bulgaria, nel X secolo. Questo gruppo adottò anch'esso un'interpretazione dualista del cristianesimo, influenzata dal manicheismo e dal paulicianismo. Secondo i Bogomili, il mondo materiale fu creato da un angelo caduto o demone, mentre il mondo spirituale era opera di un Dio benevolo. Essi vedevano in Gesù un essere spirituale venuto a liberare le anime intrappolate nella creazione malvagia. La dottrina dei Bogomili, che rifiutava molte pratiche e sacramenti della Chiesa Cattolica, fu vista come una minaccia dalle autorità ecclesiastiche. Questo portò alla loro persecuzione, e molti dei loro seguaci furono arrestati, torturati ed eseguiti. Come gli Albigesi, i Bogomili simboleggiano nella tradizione massonica la dualità tra il bene e il male, nonché la lotta delle credenze spirituali contro l'oppressione e la persecuzione religiosa.

Camera delle Riflessioni: La Camera delle Riflessioni è uno spazio simbolico all'interno della tradizione massonica in cui l'iniziato è invitato a meditare sulla propria vita, sui propri principi e sul proprio percorso spirituale. Questo spazio è progettato per indurre uno stato di profonda introspezione. Tradizionalmente, la Camera delle Riflessioni è una piccola stanza, spesso dipinta di nero, dotata di vari simboli ed elementi significativi, come un teschio, una clessidra, un gallo, sale, zolfo, pane e acqua. Questi elementi simboleggiano la mortalità, il passare del tempo, la rinascita, la purificazione, la vita e la sostanza dell'esistenza. All'interno della Camera delle Riflessioni, l'iniziato siede solo, circondato da questi simboli, e gli viene chiesto di riflettere sulla propria mortalità, sullo scopo della vita e sulla propria disposizione a intraprendere un cammino di perfezionamento morale. È un momento di contemplazione in cui l'individuo valuta le proprie paure, le proprie motivazioni e il proprio impegno nella ricerca della conoscenza e della verità. La meditazione in questo spazio è un preludio al processo di trasformazione personale che l'iniziazione massonica simboleggia, preparando l'individuo a una maggiore comprensione di sé e del proprio posto nell'universo.

Catari: I Catari, noti anche come Albigesi, furono un movimento cristiano dualista che fiorì nel sud della Francia e nel nord Italia durante i secoli XI e XII. Come i Bogomili e gli Albigesi, i Catari credevano in un dualismo radicale che separava il mondo materiale, visto come corrotto e maligno, dal mondo spirituale, creato da un Dio benevolo. Per i Catari, Gesù era uno spirito puro che non aveva assunto un corpo fisico corrotto, ma era venuto per insegnare la purezza e la verità spirituale. Il movimento cataro fu duramente perseguitato dalla Chiesa Cattolica, che lo considerava eretico a causa delle sue dottrine contrarie all'ortodossia cristiana. La Crociata Albigese, guidata da Papa Innocenzo III, e la successiva Inquisizione, portarono alla violenta soppressione dei Catari, che furono sterminati in gran numero attraverso massacri e roghi. Nella tradizione massonica, i Catari simboleggiano la purezza spirituale e la resistenza alla corruzione e all'oppressione, nonché la tragica persecuzione di coloro che si allontanano dalle dottrine stabilite.

Cincellare la Pietra: "Cincellare la pietra" è una metafora centrale nella massoneria che simboleggia il lavoro continuo e consapevole dell'individuo per perfezionarsi moralmente, intellettualmente e spiritualmente. Questo processo è rappresentato dall'uso di strumenti simbolici come lo scalpello, il maglio e la pietra grezza. **Scalpello**: Lo scalpello è uno strumento che rappresenta la precisione, l'attenzione ai dettagli e la conoscenza. Nella massoneria, lo scalpello simboleggia la capacità di discernere e raffinare i nostri pensieri e azioni. Con questo strumento, l'iniziato impara a eliminare le asperità del proprio carattere, tagliando con precisione gli aspetti negativi e grossolani della propria vita per avvicinarsi alla perfezione morale. **Maglio**: Il maglio è lo strumento che fornisce la forza necessaria per azionare lo scalpello. Simboleggia la volontà, la determinazione e l'energia che l'individuo deve applicare nel proprio lavoro di auto-miglioramento. Il maglio, quando utilizzato insieme allo scalpello, permette al massone di lavorare efficacemente sulla propria pietra grezza, modellando la propria vita e il proprio carattere secondo i principi della giustizia, della saggezza e della bellezza. **Pietra Grezza**: La pietra grezza rappresenta l'essere umano nel suo stato naturale, non raffinato, pieno di imperfezioni e asperità. Nella massoneria, la pietra grezza simboleggia la vita dell'iniziato prima di iniziare il processo di perfezionamento. È la materia prima che, attraverso il lavoro personale e l'uso degli strumenti della conoscenza e della virtù, si trasforma in una pietra cubica, cioè in un essere moralmente completo e armonioso, adatto a essere parte del "tempio" simbolico dell'umanità. Cincellare la pietra nel contesto massonico implica lo sforzo costante di perfezionare il proprio carattere. Lo scalpello e il maglio, quando applicati alla pietra grezza, simboleggiano le azioni consapevoli e volontarie che modellano l'individuo verso l'eccellenza morale, preparando così il massone a essere una parte integrante e preziosa dell'edificio simbolico che rappresenta la fraternità umana e la ricerca della verità.

Compasso: Il compasso è un simbolo di moderazione, equilibrio e autocontrollo nella vita dell'essere umano. Rappresenta la capacità di tracciare limiti giusti e misurati nelle nostre azioni e relazioni, evitando gli eccessi e mantenendo un approccio centrato sull'armonia e la proporzionalità. Il compasso ci insegna ad agire con moderazione, guidando le nostre decisioni affinché siano in sintonia con un senso profondo di equità ed equilibrio. In un senso filosofico, il compasso ci ricorda l'importanza di mantenere un controllo sulle nostre passioni e desideri, assicurando che le nostre decisioni non siano dominate da impulsi smodati, ma da una ragione equilibrata e consapevole.

Così, il compasso diventa uno strumento simbolico per coltivare l'autodisciplina e la saggezza nella ricerca di una vita giusta e armoniosa.

Delta: Il "Delta" è un simbolo che rappresenta la connessione tra l'umano e il divino, così come l'equilibrio tra i tre pilastri fondamentali: saggezza, forza e bellezza. In un contesto filosofico-morale, il Delta è una metafora della perfezione geometrica e della conoscenza elevata, fungendo da promemoria dell'importanza di mantenere un equilibrio in tutte le sfaccettature della vita. Questo triangolo equilatero, con i suoi tre lati uguali, simboleggia l'armonia e la proporzionalità che devono guidare le azioni dell'individuo. È un invito a cercare l'unità e l'integrità nel pensiero e nelle azioni, riflettendo la ricerca dell'equilibrio tra corpo, mente e spirito.

Egregora: Un'egregora è un concetto esoterico che si riferisce a un'energia o entità collettiva creata dalle emozioni, pensieri e azioni di un gruppo di persone. Questa energia collettiva può essere alimentata e mantenuta dalla concentrazione e dall'intento condiviso dei suoi membri, e si ritiene che possa influenzare il comportamento e le decisioni del gruppo. In un contesto filosofico-morale, un'egregora simboleggia la capacità del collettivo di creare una forza comune che trascende gli individui. Questa forza può essere sia positiva che negativa, a seconda dell'intento e della direzione dell'energia collettiva. Le egregore ci ricordano il potere dell'unità e della collaborazione, e come la somma delle volontà individuali possa dare origine a un'influenza significativa, sia nella ricerca di un bene maggiore che nella perpetuazione di un ideale o scopo comune.

Squadra: La squadra è uno strumento che simboleggia la rettitudine, l'integrità e la giustizia nel comportamento umano. La sua funzione è guidare l'individuo nella costruzione di una vita basata su principi solidi e valori etici. Utilizzata come metafora, la squadra ci ricorda l'importanza di mantenere una condotta giusta ed equilibrata in tutte le nostre azioni e decisioni, assicurando che le nostre relazioni con gli altri siano segnate dall'equità e dalla moralità. Questo simbolo non si riferisce solo alla correttezza tecnica in un senso pratico, ma anche alla correttezza morale nella vita quotidiana. Ci invita a riflettere su come le nostre azioni debbano allinearsi con gli ideali di giustizia e onestà, sia in ambito personale che sociale. La squadra, pertanto, agisce come una guida costante per vivere in modo retto e giusto, costruendo un'esistenza basata sull'etica e sul rispetto reciproco.

Spada Fiammeggiante: La Spada Fiammeggiante è un simbolo massonico che rappresenta la giustizia, la verità e il potere della ragione per dissipare l'ignoranza e l'oscurità. La sua caratteristica distintiva è una lama ondulata o a forma di fiamma, che simboleggia il fuoco purificatore e la luce che illumina il cammino della conoscenza. Nella tradizione massonica, la Spada Fiammeggiante è utilizzata per proteggere l'ingresso del Tempio e come emblema dell'autorità morale e della chiarezza di pensiero. Questa spada non rappresenta solo la capacità di tagliare attraverso la falsità e l'errore, ma anche la necessità di mantenere una vigilanza costante sull'integrità e la virtù. È un promemoria che la lotta per la giustizia e la verità richiede coraggio, determinazione e un impegno incrollabile nei confronti dei principi più elevati. In un senso più ampio, la Spada Fiammeggiante può essere interpretata come il simbolo del potere della mente e dello spirito per affrontare le sfide e superare le prove nella ricerca dell'illuminazione e della perfezione morale.

Flauto Incantato: In quest'opera, il "Flauto Incantato" è uno strumento magico che simboleggia la purezza e il potere dell'amore. Ispirato all'opera "Il Flauto Magico" di Mozart, dove il flauto ha la capacità di cambiare il destino dei personaggi, in questa epopea, questo strumento rappresenta la forza trascendentale dell'amore, capace di superare le prove più difficili e di trasformare le circostanze avverse. Il Flauto Incantato è un simbolo della capacità dell'amore di purificare, guarire e guidare i personaggi verso uno stato di armonia e felicità.

Artiglio del Maestro: Nella tradizione massonica, l' "Artiglio del Maestro" è un simbolo che rappresenta la rinascita o la resurrezione simbolica. Questo gesto è utilizzato nei rituali per sollevare l'iniziato caduto, simboleggiando la sua rinascita spirituale e morale. In un contesto filosofico-morale, l'"Artiglio del Maestro" può essere interpretato come l'aiuto e il sostegno che permettono a un individuo di superare le avversità e i momenti di crisi, dandogli la forza necessaria per riprendere il cammino con una prospettiva rinnovata. Questo simbolo trascende la sua origine rituale per rappresentare l'idea che, nei momenti più oscuri, esiste sempre la possibilità di rialzarsi e rinnovarsi. L'"Artiglio del Maestro" ci ricorda che la vera crescita e l'apprendimento spesso derivano dalle nostre cadute e dalle sfide, e che la resilienza e la capacità di rinascere sono essenziali nella ricerca di una vita piena ed etica.

Grande Architetto dei Mondi: Il "Grande Architetto dei Mondi" è una metafora che simboleggia la forza creatrice e organizzatrice che governa la totalità del cosmo. Questo simbolo offre a ogni iniziato la libertà di proiettare il proprio concetto di trascendenza, sia esso religioso, filosofico o spirituale. Rappresenta l'idea di un principio che dà forma e ordine all'universo nella sua vastità e complessità, guidando lo sviluppo di tutti i mondi, sia visibili che invisibili. Riferendosi al "Grande Architetto dei Mondi", l'iniziato trova un riflesso della ricerca di armonia e scopo nella vita, riconoscendo un ordine superiore che trascende il mondano.

Grande Architetto dell'Universo: Il "Grande Architetto dell'Universo" è un simbolo universale che rappresenta la causa prima, l'ordine e il sostegno del cosmo. È una metafora della perfezione e dell'infinito, che consente a ogni iniziato di proiettare la propria comprensione della trascendenza senza vincoli di dogmi o credenze specifiche. Questo concetto si caratterizza per la sua flessibilità interpretativa, offrendo a ciascun individuo la libertà di esplorare e definire la propria relazione con il principio che ordina l'universo. Nella sua essenza, il "Grande Architetto dell'Universo" non prescrive una visione teologica unica, ma offre uno spazio inclusivo in cui ciascuno può riflettere sulla natura del cosmo e sul proprio posto in esso. Invocando questo simbolo, si invita l'iniziato a vedere l'esistenza come parte di un disegno più grande e a contribuire consapevolmente alla costruzione di un mondo fondato su principi di giustizia, verità ed equità.

Guardiano del Tempio: Il Guardiano del Tempio simboleggia la responsabilità di proteggere e preservare i valori fondamentali e lo spazio sacro della conoscenza interiore. Questa figura rappresenta la vigilanza costante sui principi etici e morali che guidano la vita dell'individuo, assicurando che il "tempio" personale, cioè l'integrità e la virtù, rimanga intatto di fronte alle influenze negative e alle sfide esterne. In un contesto filosofico-morale, il

Guardiano del Tempio è l'incarnazione dell'autodisciplina e della fermezza di carattere. Agisce come difensore della purezza morale e della rettitudine, impedendo che ciò che è superficiale o corrotto turbi lo sviluppo spirituale ed etico. La sua funzione è ricordare l'importanza di mantenere un impegno incrollabile nei confronti degli ideali più elevati, proteggendo il santuario interno in cui si coltivano la saggezza, la giustizia e la verità.

Hiram Abif: Hiram Abif è una figura centrale nella leggenda del terzo grado della massoneria simbolica ed è ampiamente riconosciuto nel simbolismo massonico come un modello di integrità, lealtà e sacrificio. Hiram Abif è menzionato nella Bibbia, nei libri dei Re e delle Cronache, come un maestro artigiano inviato dal re di Tiro, Hiram I, per aiutare il re Salomone nella costruzione del Tempio di Gerusalemme. Nel contesto biblico, Hiram Abif è descritto come un uomo saggio e abile, esperto nella fusione del bronzo, così come nella costruzione di altari, utensili sacri e altri elementi essenziali per il Tempio di Salomone. Il suo talento e la sua conoscenza lo rendono indispensabile nella costruzione del Tempio, una struttura sacra e monumentale destinata a essere la casa di Dio. Nella tradizione massonica, Hiram Abif è presentato come il "Gran Maestro Costruttore" del Tempio di Salomone, responsabile non solo della direzione tecnica dell'opera, ma anche della custodia dei segreti più importanti dell'arte della costruzione. Secondo la leggenda, Hiram Abif fu assassinato da tre operai che volevano estorcergli la "Parola Sacra" o i segreti del mestiere che lui si rifiutò di rivelare, rimanendo fedele al suo giuramento fino all'ultimo momento. Questo racconto è un'allegoria potente all'interno della massoneria, dove Hiram Abif rappresenta l'ideale di un uomo che vive e muore per i propri principi, mantenendo la propria integrità anche di fronte alla morte. La sua storia è utilizzata per insegnare ai massoni lezioni sulla fedeltà, il sacrificio, la perseveranza e l'importanza di mantenere i valori e i segreti sacri. Hiram Abif, quindi, non è solo un personaggio storico o biblico, ma una figura simbolica il cui lascito nella massoneria si manifesta nei rituali, negli insegnamenti e nei valori che la fraternità promuove. Attraverso la leggenda di Hiram Abif, i massoni apprendono l'importanza della moralità, della lealtà e della responsabilità nella loro ricerca della verità e del perfezionamento personale.

Iside e Osiride: Iside e Osiride sono divinità egiziane che appaiono ne "Il Flauto Magico" di Mozart, dove sono invocate per offrire protezione e guida spirituale. Nell'opera, rappresentano l'ideale della vita dopo la morte, la giustizia e la rinascita, simboleggiando la trascendenza e la connessione con il divino.

Juwes: I "Juwes" sono figure simboliche associate alla leggenda del terzo grado della massoneria simbolica, che rappresentano le forze di disordine interiore che possono deviare l'individuo dal suo cammino di rettitudine, saggezza e giustizia. Questi personaggi, conosciuti come Jubela, Jubelo e Jubelum, sono i responsabili dell'assassinio di Hiram Abif, il maestro costruttore del Tempio di Salomone, nella loro vana ricerca della Parola Sacra. La paradosso dei Juwes risiede nel fatto che, sebbene cercassero la Parola Sacra in modo distruttivo ed esterno, in realtà già la possedevano dentro di sé. I nomi di questi personaggi contengono le lettere del Tetragramma, la parola sacra la cui pronuncia simboleggia la luce e la conoscenza divina. Tuttavia, accecati dall'ignoranza e dal disordine interiore, non seppero riconoscere che la luce che cercavano già dimorava in loro, cadendo così nell'oscurità e nelle tenebre. Questa metafora sottolinea l'importanza dell'introspezione e dell'autocontrollo, insegnando che la vera conoscenza e l'illuminazione non si trovano all'esterno, ma dentro di sé. La storia dei Juwes è un avvertimento sui pericoli della ricerca esterna del potere e della conoscenza, e sulla necessità di coltivare la saggezza interiore per evitare di cadere nell'ignoranza e nell'autodistruzione.

Il Flauto Magico: "Il Flauto Magico" è un'opera composta da Wolfgang Amadeus Mozart, rappresentata per la prima volta nel 1791. Quest'opera è riconosciuta non solo per la sua bellezza musicale, ma anche per essere profondamente impregnata di simbolismo massonico. Attraverso la sua narrativa, l'opera presenta una serie di prove e rituali che i personaggi devono superare, simboleggiando il viaggio iniziatico verso l'illuminazione, la ricerca della verità e la lotta tra la luce e l'oscurità. Gli elementi e i personaggi, come il Tempio della Saggezza e le prove di Tamino e Pamina, riflettono gli ideali massonici di saggezza, virtù e trascendenza spirituale.

Le Due Colonne (B e J): Le colonne "B" e "J" sono simboli profondamente significativi che si trovano all'ingresso del Tempio di Salomone. Queste colonne rappresentano due principi fondamentali che sostengono la struttura morale e spirituale dell'individuo. **Colonna "B"** si associa alla forza e al potere. Rappresenta la forza interiore necessaria per sostenere e sopportare le prove della vita. Nel contesto massonico, simboleggia la stabilità e la capacità di rimanere fermi di fronte all'avversità. È il pilastro che offre supporto all'iniziato nel suo cammino di crescita personale e spirituale. **Colonna "J"** simboleggia la stabilità, la bellezza e l'istituzione. Si associa alla stabilità morale e alla rettitudine, rappresentando l'equilibrio e la giustizia che devono guidare le azioni dell'iniziato. Insieme, le colonne "B" e "J" simboleggiano l'equilibrio perfetto tra forza e bellezza, tra potere e giustizia. Queste colonne non solo fiancheggiano l'ingresso del Tempio, ma segnano anche la soglia che l'iniziato deve attraversare nel suo viaggio verso la saggezza e l'illuminazione. Sono un promemoria costante che la vera costruzione della vita richiede sia forza interiore che impegno nei confronti dei valori morali che sostengono la giustizia e la verità.

LVX: "LVX" è una parola che deriva dal latino e significa "luce". Questo termine simboleggia la conoscenza, la verità e la chiarezza spirituale nel suo senso più elevato. In un contesto filosofico-morale, la luce rappresenta l'illuminazione interiore e il cammino verso la saggezza, guidando l'individuo dall'oscurità dell'ignoranza verso la comprensione e la virtù. La "LVX" è tanto una metafora del risveglio intellettuale quanto dello sviluppo morale, fungendo da faro che orienta l'iniziato nella sua ricerca di principi etici e di verità. È il principio che rivela i misteri dell'universo e della natura dell'essere, ispirando l'individuo a vivere secondo i valori più elevati e a illuminare il proprio cammino e quello degli altri.

Maestro Filosofo: Nell'opera, il Maestro Filosofo è una figura simbolica che rappresenta la coscienza più elevata del personaggio principale, Resvrgam. Questa figura agisce come guida e mentore interiore, accompagnando il protagonista nel suo viaggio spirituale e morale. Il Maestro Filosofo non è solo una voce di saggezza, ma anche un riflesso del processo di profonda autoconsapevolezza e della lotta interiore che Resvrgam affronta nella sua ricerca della verità e della virtù. Il Maestro Filosofo personifica il "Maestro Segreto" del quarto grado del Rito Scozzese Antico e Accettato (REAA), che simboleggia l'introspezione, l'auto-valutazione e la vigilanza costante sulle proprie azioni e pensieri. Questo grado è fondamentale per lo sviluppo personale, poiché segna il momento in cui l'iniziato inizia a diventare il custode dei segreti più profondi del proprio essere, esplorando tanto i misteri del mondo esterno quanto quelli del proprio spirito. Nella narrativa dell'opera, il Maestro Filosofo è la voce interiore che sfida Resvrgam a confrontare le proprie debolezze e a perseverare nel suo cammino verso l'illuminazione. Rappresenta l'equilibrio tra ragione ed emozione, giustizia e compassione, esortando il protagonista ad agire con integrità e saggezza in tutte le sue decisioni. La presenza del Maestro Filosofo è costante, fungendo da faro in mezzo all'oscurità, e simboleggia l'aspirazione dell'essere umano verso un ideale etico e spirituale superiore.

Maestro Segreto (Grado 4 del Rito Scozzese Antico e Accettato - REAA): Nel contesto dell'opera, il "Maestro Segreto" è rappresentato dal "Maestro Filosofo," che simboleggia la coscienza dell'individuo. Questo grado è un momento cruciale nello sviluppo personale e spirituale, in cui l'iniziato inizia a esplorare con maggiore profondità i misteri tanto del mondo esterno quanto del proprio essere interiore. Il Maestro Segreto o Maestro Filosofo agisce come la personificazione della coscienza, quella voce interiore che orienta l'individuo verso la verità, la giustizia e la saggezza. Questo grado sottolinea l'importanza dell'introspezione e dell'autoconoscenza, esortando l'iniziato a essere un custode dei segreti più profondi ed essenziali che risiedono al proprio interno. Il Maestro Filosofo, nel suo ruolo di coscienza, non solo guida nella presa di decisioni etiche, ma confronta anche le debolezze e spinge l'individuo verso un miglioramento continuo. In questo grado, l'iniziato apprende a bilanciare la ragione con le emozioni e il dovere con il desiderio, guidato dalla coscienza come suo consigliere più affidabile. Il Maestro Segreto, pertanto, non è solo un titolo o un livello nel rito, ma uno stato dell'essere che riflette l'integrazione profonda della saggezza e della giustizia nella vita quotidiana, sotto la guida costante di una coscienza rafforzata e illuminata.

Manicheismo: Il manicheismo è una religione dualista fondata dal profeta Mani nel III secolo d.C. in Persia (l'attuale Iran). Mani, influenzato da diverse tradizioni religiose, tra cui il zoroastrismo, il cristianesimo e il buddismo, sviluppò una cosmologia che si concentrava sulla lotta tra due principi eterni e opposti: il bene e il male, la luce e l'oscurità. Nella filosofia manichea, il mondo materiale è visto come una creazione del male, governato dalle forze dell'oscurità, mentre il mondo spirituale è la manifestazione del bene, governato dalle forze della luce. Secondo questa dottrina, le anime umane, che contengono particelle di luce, sono intrappolate nel mondo materiale e devono essere liberate attraverso un processo di conoscenza e purificazione. Il manicheismo sostiene che l'universo è un campo di battaglia tra queste due forze, e che lo scopo ultimo dell'essere umano è partecipare alla liberazione della luce, contribuendo a restaurare l'ordine originale del cosmo. Questa filosofia dualista ha avuto una vasta influenza in diverse regioni e culture prima di essere soppressa da altre religioni dominanti, come il cristianesimo e l'islam. La religione manichea fu perseguitata dalle autorità religiose e politiche dell'epoca, essendo considerata eretica tanto dal cristianesimo quanto dallo zoroastrismo. Nonostante ciò, la sua influenza è perdurata per secoli, specialmente attraverso movimenti dualisti successivi come il bogomilismo e il catarismo. Nell'opera, il manicheismo rappresenta l'eterna lotta tra il bene e il male, e la sfida di riconoscere e agire a favore della luce in un mondo segnato dall'oscurità.

Monostatos: Monostatos è un personaggio ne "Il Flauto Magico" di Mozart, dove rappresenta la malvagità e la corruzione. Nell'opera, è il guardiano del tempio che, mosso dal desiderio e dall'invidia, tenta di costringere Pamina, l'eroina, il che lo rende un antagonista spregevole che contrasta con i personaggi virtuosi. In quest'opera, Monostatos mantiene il suo ruolo come simbolo della malvagità, ma il suo carattere incarna le forze interne di corruzione e disgregazione che il protagonista deve affrontare.

Oracolo di Delfi: L'Oracolo di Delfi è un riferimento con profonde radici nell'antichità greca. Situato nel Tempio di Apollo a Delfi, questo oracolo era considerato il più importante della Grecia classica, dove la sacerdotessa Pizia trasmetteva i messaggi di Apollo a coloro che cercavano risposte sul proprio destino. In un contesto filosofico-morale, l'Oracolo di Delfi simboleggia la ricerca della verità e della saggezza. È una metafora dell'introspezione e della riflessione, in cui l'iniziato cerca risposte non solo nel mondo esterno, ma anche nel proprio interiore. Il motto inciso nel tempio, "Conosci te stesso," sottolinea l'importanza dell'autoconoscenza nella ricerca della verità e della comprensione dell'universo.

Oriente: Nel contesto massonico, "Oriente" si riferisce alla direzione iniziatica associata alla ricerca dell'illuminazione e della conoscenza. L'Oriente è simbolicamente il luogo in cui sorge il sole, e quindi rappresenta l'alba della comprensione, la chiarezza della ragione e la rivelazione della verità. Nella loggia massonica, l'Oriente è il luogo in cui siede il leader, come simbolo di saggezza e guida spirituale. Il termine "Oriente" evoca anche l'idea di un viaggio o pellegrinaggio verso uno stato di maggiore consapevolezza e perfezione morale. È una metafora del cammino che l'iniziato deve seguire per raggiungere la luce della conoscenza, lasciando alle spalle l'oscurità dell'ignoranza. In un senso più ampio, l'Oriente simboleggia la meta spirituale a cui ogni cercatore della verità aspira, una fonte di ispirazione costante nella pratica della virtù e nella ricerca della giustizia.

Ormuzd e Ahriman: Ormuzd (conosciuto anche come Ahura Mazda) e Ahriman (o Angra Mainyu) sono divinità dello zoroastrismo, una delle religioni più antiche del mondo, originaria dell'antica Persia. Ormuzd rappresenta la divinità del bene, della luce, della verità e dell'ordine cosmico, mentre Ahriman simboleggia le forze del male, dell'oscurità, della menzogna e del caos. Nella visione cosmologica zoroastriana, queste due entità sono in costante conflitto, rappresentando la dualità fondamentale tra il bene e il male nell'universo. Questa lotta tra Ormuzd e Ahriman è una metafora del conflitto interno ed esterno che ogni individuo affronta, riflettendo la battaglia per mantenere la rettitudine e la verità di fronte alle tentazioni e alle forze distruttive. In un contesto filosofico-morale, questa dualità invita a riflettere sulla natura della moralità e del libero arbitrio, nonché sulla responsabilità personale nella lotta per il bene.

Papagena: Papagena è la compagna di Papageno ne "Il Flauto Magico" di Mozart, rappresentando l'ideale dell'amore e dell'unione nella sua forma più pura e semplice. Nell'opera, Papagena è inizialmente nascosta sotto un travestimento di vecchia, ma poi si rivela come una giovane bella che si unisce a Papageno, simboleggiando la ricompensa dell'amore vero e della felicità domestica. In quest'opera, Papagena mantiene il suo simbolismo di amore e unione, ma il suo personaggio è una figura di redenzione e forza che aiuta Papageno a superare le sfide che affronta. Il suo amore è ciò che spinge Papageno a proseguire nella sua lotta, rappresentando una fonte di luce e speranza in un mondo di oscurità.

Papageno: Papageno è un personaggio dell'opera "Il Flauto Magico" di Wolfgang Amadeus Mozart, dove rappresenta la figura dell'uomo comune, pieno di semplicità e umorismo, che cerca l'amore e la felicità senza le grandi aspirazioni spirituali di altri personaggi. Nell'opera, Papageno è un cacciatore di uccelli che simboleggia l'innocenza e il desiderio di una vita semplice e senza complicazioni. In quest'opera, Papageno simboleggia anche l'innocenza, ma il suo carattere affronta sfide più oscure e complesse rispetto all'opera di Mozart.

Portico del Tempio: Il portico del tempio simboleggia la soglia tra il mondo esterno e lo spazio sacro della conoscenza interiore. È un luogo di transizione dove l'individuo si prepara alla riflessione profonda e alla ricerca della verità. Attraversando questo portico, si lascia alle spalle ciò che è superficiale e si inizia un viaggio verso l'introspezione e l'autoconoscenza, in un processo che richiede la disposizione ad affrontare le proprie imperfezioni e a lavorare nella costruzione di una vita più consapevole e significativa. In termini filosofico-morali, il portico del tempio è una metafora del momento in cui si decide di intraprendere il cammino della virtù e della crescita personale. Rappresenta l'ingresso in uno spazio di riflessione in cui si coltivano i valori e i principi che guideranno le nostre azioni verso la giustizia, la saggezza e il bene comune. È l'inizio di un impegno con il miglioramento continuo e la ricerca di una vita etica e piena.

Profano: Il termine "profano" deriva dal latino profanus, che si scompone in pro (davanti a) e fanum (tempio). Letteralmente, significa "davanti al tempio," riferendosi a ciò che è al di fuori dello spazio riservato alla spiritualità. Nel contesto massonico, "profano" è usato per descrivere coloro che non sono ancora stati iniziati alla massoneria, cioè quelli che sono "fuori" o "davanti" allo spazio simbolico della conoscenza massonica. Sebbene non siano stati ammessi all'interno dei "muri" della loggia, viene loro riconosciuta la possibilità di iniziare un viaggio iniziatico di carattere spirituale e morale che la massoneria rappresenta. Pertanto, "profano" si riferisce a chi è al di fuori della conoscenza esoterica e degli insegnamenti della massoneria, ma con la capacità di avanzare verso l'interno, verso il tempio della conoscenza e della saggezza.

Regina della Notte: La Regina della Notte è l'antagonista principale ne "Il Flauto Magico" di Mozart, simboleggiando l'oscurità, la vendetta e l'ignoranza. Nell'opera, è la madre di Pamina e cerca di distruggere Sarastro e il suo tempio di saggezza, utilizzando Tamino per i propri fini. In quest'opera, la Regina della Notte rimane un simbolo delle forze oscure che si oppongono alla luce e alla saggezza. Il suo personaggio rappresenta gli ostacoli e le tentazioni che l'individuo deve affrontare e superare nel suo cammino verso l'illuminazione e la verità. La Regina della Notte incarna la resistenza al cambiamento, l'ignoranza che si oppone alla conoscenza e l'oscurità che minaccia di eclissare la luce interiore.

Sarastro: Sarastro è il gran sacerdote ne "Il Flauto Magico" di Mozart, che simboleggia la saggezza, la giustizia e la luce. Nell'opera, Sarastro è il leader benevolo del Tempio della Saggezza, che guida i personaggi verso l'illuminazione e la verità, contrastando fortemente con la Regina della Notte, che rappresenta l'oscurità. In quest'opera, Sarastro continua a essere un simbolo di saggezza e giustizia. È la guida che rappresenta la voce della ragione e della coscienza, aiutando i personaggi a superare le loro prove interiori e a raggiungere una comprensione più profonda del loro scopo e della verità universale.

Solstizio (21 giugno e 21 dicembre): I solstizi, che si verificano il 21 giugno (solstizio d'estate) e il 21 dicembre (solstizio d'inverno), sono eventi astronomici che segnano i momenti in cui il Sole raggiunge la sua posizione più alta o più bassa nel cielo, dando luogo al giorno più lungo e alla notte più corta dell'anno (estate) e al giorno più corto e alla notte più lunga (inverno), rispettivamente. Nella massoneria, i solstizi hanno un profondo significato simbolico. Questi eventi sono visti come rappresentazioni del ciclo eterno della luce e dell'oscurità, della vita e della morte, della conoscenza e dell'ignoranza. Il solstizio d'estate simboleggia la massima espansione della luce, del potere e della vitalità, mentre il solstizio d'inverno rappresenta la rinascita della luce e il rinnovamento del ciclo della vita dopo la sua massima ritirata. I solstizi sono momenti chiave per la riflessione sui cicli naturali e sulla loro corrispondenza con la crescita personale e spirituale. Nella massoneria, questi momenti sono simbolici della dualità nella vita: l'equilibrio tra le forze opposte e la necessità di armonia tra esse. Le cerimonie solstiziali, conosciute come "Feste di San Giovanni," sono celebrate in molte logge massoniche intorno ai solstizi. Il solstizio d'estate è associato a San Giovanni Battista, e il solstizio d'inverno a San Giovanni Evangelista. Queste festività segnano i momenti in cui i massoni si riuniscono per riflettere sul simbolismo della luce e dell'oscurità, della morte e della resurrezione, e del passaggio del tempo. Durante queste cerimonie, i massoni rinnovano i loro impegni con i principi della fraternità, della carità e della verità. Le cerimonie includono rituali, discorsi e atti simbolici che enfatizzano l'importanza dell'equilibrio tra luce (conoscenza, verità, vita) e oscurità (ignoranza, errore, morte) nella ricerca della perfezione morale e spirituale. Le feste solstiziali sono anche momenti di coesione e unità all'interno della loggia, dove i massoni celebrano la fraternità e riflettono sul ciclo continuo della vita, comprendendo che ogni solstizio è sia una fine che un inizio, un promemoria della perpetuità della conoscenza e della necessità costante di ricerca della luce.

Tappeto a Scacchiera: Il "Tappeto a Scacchiera" è un simbolo che rappresenta la dualità inerente alla condizione umana, come il bene e il male, la luce e l'oscurità, o la vita e la morte. In un contesto filosofico-morale, questo tappeto simboleggia il campo in cui si sviluppano le azioni e le decisioni umane, uno spazio in cui si intrecciano i contrasti e le opposizioni. Il tappeto a scacchiera invita l'individuo a riconoscere e comprendere questa dualità, esortandolo a bilanciare gli aspetti opposti della sua vita. È un promemoria costante dell'importanza di agire con giustizia e discernimento in un mondo pieno di contrasti, cercando sempre l'armonia e la rettitudine nelle sue scelte e comportamenti.

Tritemica: Relativo a Tritemio: Johannes Trithemius (1462-1516), conosciuto come Tritemio, fu un monaco ed erudito rinascimentale, famoso per aver sviluppato un metodo di cifratura polialfabetica che divenne una riferimento cruciale nella storia della crittografia. Questo metodo, che combina varie tecniche di codifica per nascondere messaggi, fu successivamente utilizzato per decodificare i "Cipher Manuscripts," un insieme di documenti esoterici che formano la base degli insegnamenti dell'Ordine Ermetico della Golden Dawn. La Golden Dawn, fondata nel XIX secolo da massoni, è un ordine che si distingue per essere aperto sia agli uomini che alle donne, differenziandosi in questo aspetto dalla Societas Rosacruciana in Anglia, una società associata alla Gran Loggia Unita d'Inghilterra, che è esclusivamente maschile. Entrambe le organizzazioni condividono un profondo interesse per lo studio delle tradizioni ermetiche.

Venerabile Maestro: Il Venerabile Maestro è una figura simbolica che incarna la saggezza, la guida morale e la leadership etica. Rappresenta la persona che ha raggiunto un livello elevato di conoscenza e virtù, ed è quindi in grado di guidare gli altri nel loro sviluppo personale e morale. Questo ruolo è assunto da colui che, attraverso la sua esperienza e rettitudine, può orientare gli altri verso una vita più giusta, equilibrata e significativa. Da un punto di vista filosofico-morale, il Venerabile Maestro simboleggia l'autorità basata sul rispetto e sull'integrità, più che sul potere. È un modello di comportamento che ispira gli altri a seguire il cammino della virtù, promuovendo la riflessione, l'apprendimento e la crescita personale. La sua leadership si fonda sull'equità, sulla comprensione e sull'impegno verso il bene comune, fungendo da faro di saggezza nella comunità.

Wolfgang Amadeus Mozart: Wolfgang Amadeus Mozart (1756-1791) è stato un compositore austriaco, considerato uno dei più grandi geni musicali di tutti i tempi. Durante la sua vita, compose più di 600 opere, comprendendo sinfonie, concerti, opere e musica da camera. Oltre al suo impato sulla musica classica, Mozart fu anche un membro della massoneria, organizzazione a cui si unì nel 1784. La sua appartenenza alla massoneria influenzò notevolmente la sua vita e la sua opera, inclusa la sua ultima opera, "Il Flauto Magico," che è carica di simbolismo massonico e riflette i suoi ideali di fraternità, saggezza e ricerca dell'illuminazione spirituale.

Glossary

Acacia: The acacia is a symbol representing immortality, purity, and innocence. This symbol originates from the ancient legend that the acacia, a hardy and evergreen plant, was used to mark the final resting place of Hiram Abif, the legendary master builder of Solomon's Temple. In Freemasonry, the acacia symbolizes the survival of the soul after death and the continuity of life beyond the material plane. It is a reminder that while the physical body may perish, the spirit and virtues cultivated during life are eternal. Additionally, the acacia represents the purity of intention and the moral integrity that should guide every Mason's actions. During Masonic rituals, the acacia is used as an emblem of hope and resurrection, indicating that life is a continuous cycle and that the soul, like the acacia, persists and flourishes beyond the trials and tribulations of earthly existence. This symbol invites the initiate to reflect on the nature of immortality and the spiritual legacy each one leaves behind in the world.

Albigenses: The Albigenses were a heterodox Christian movement that arose in southern France during the Middle Ages, also known as the Cathars. This group was associated with a dualistic interpretation of Christianity, in which the material world was seen as a creation of evil and full of suffering, while the spiritual world came from a benevolent God. The Albigenses believed that Jesus was a spiritual entity sent by the good God to free souls from material captivity, rejecting the divine nature of Christ's body. This movement was considered heretical by the Catholic Church, leading to the organization of the Albigensian Crusade in the 13th century. This crusade, promoted by Pope Innocent III, culminated in the brutal persecution and extermination of the Albigenses, who were subjected to massacres, tortures, and executions in an effort to eradicate their beliefs. In the work, the Albigenses symbolize the struggle between good and evil, spiritual purity versus the corruption of the material world, and resistance against persecution.

Allegro and Andante: "Allegro" and "Andante" are musical terms that describe the tempo or speed of a musical piece. "Allegro" indicates a fast and lively tempo, while "Andante" refers to a more moderate walking pace, suggesting a calm and fluid rhythm. In this work, these musical terms are used as metaphors for the rhythm of life. "Allegro" symbolizes moments of dynamism, energy, and rapid action, where life moves with vigor and determination. On the other hand, "Andante" represents periods of reflection, calm, and steady progress, where life unfolds at a more measured and contemplative pace. These terms reflect the duality of existence, where phases of intense activity alternate with moments of serenity and reflection. Together,

"Allegro" and "Andante" remind us of the importance of balancing the rhythm of our lives, appreciating both times of effort and achievement as well as those of rest and meditation.

Altar: The altar is a symbolic place of deep reflection, where the individual is invited to meditate on subjectivity, materialism, immanence, and transcendence. In this space, the initiate faces fundamental questions about the nature of existence, the purpose of life, and the relationship between the temporal and the eternal. The altar symbolizes the point of convergence between the material and the spiritual, a place where introspection is performed and a connection with the highest principles of ethics and morality is sought.

Bogomils: The Bogomils were a medieval religious movement that originated in the Balkans, particularly in Bulgaria, in the 10th century. This group also adopted a dualistic interpretation of Christianity, influenced by Manichaeism and Paulicianism. According to the Bogomils, the material world was created by a fallen angel or demon, while the spiritual world was the work of a benevolent God. They saw Jesus as a spiritual being who had come to free souls trapped in the evil creation. The Bogomil doctrine, which rejected many practices and sacraments of the Catholic Church, was seen as a threat by ecclesiastical authorities. This resulted in their persecution, and many of their followers were arrested, tortured, and executed. Like the Albigenses, the Bogomils in the work symbolize the duality between good and evil, as well as the struggle of spiritual beliefs against oppression and religious persecution.

Chamber of Reflection: The Chamber of Reflection is a symbolic space within Masonic tradition where the initiate is invited to meditate on their life, principles, and spiritual path. This space is designed to induce a state of deep introspection. Traditionally, the Chamber of Reflection is a small room, often painted black, equipped with various symbols and significant elements, such as a skull, an hourglass, a rooster, salt, sulfur, bread, and water. These elements symbolize mortality, the passage of time, rebirth, purification, life, and the substance of existence. Within the Chamber of Reflection, the initiate sits alone, surrounded by these symbols, and is asked to reflect on their own mortality, their purpose in life, and their readiness to embark on a path of moral perfection. It is a moment of contemplation in which the individual evaluates their fears, motivations, and commitment to the pursuit of knowledge and truth. Meditation in this space is a prelude to the process of personal transformation that Masonic initiation symbolizes, preparing the individual for a greater understanding of themselves and their place in the universe.

Cathars: The Cathars, also known as Albigenses, were a dualistic Christian movement that flourished in southern France and northern Italy during the 11th and 12th centuries. Like the Bogomils and Albigenses, the Cathars believed in a radical dualism that separated the material world, seen as corrupt and evil, from the spiritual world, created by a benevolent God. For the Cathars, Jesus was a pure spirit who had not assumed a corrupt physical body but had come to teach spiritual purity and truth. The Cathar movement was harshly persecuted by the Catholic Church, which considered it heretical due to its doctrines contrary to Christian orthodoxy. The Albigensian Crusade, led by Pope Innocent III, and the subsequent Inquisition resulted in the violent suppression of the Cathars, who were exterminated in large numbers through massacres and autos-da-fé. In the work, the Cathars symbolize spiritual purity and resistance to corruption and oppression, as well as the tragic persecution of those who deviate from established doctrines.

Chiseling the Stone: "Chiseling the stone" is a central metaphor in Freemasonry that symbolizes the continuous and conscious work of the individual to perfect themselves morally, intellectually, and spiritually. This process is represented through the use of symbolic tools such as the chisel, the mallet, and the rough ashlar. **Chisel**: The chisel is a tool that represents precision, attention to detail, and knowledge. In Freemasonry, the chisel symbolizes the ability to discern and refine our thoughts and actions. With this tool, the initiate learns to remove the roughness of their character, precisely cutting away the negative and coarse aspects of their life to approach moral perfection. **Mallet**: The mallet is the tool that provides the necessary force to drive the chisel. It symbolizes willpower, determination, and the energy that the individual must apply in their work of self-improvement. The mallet, when used together with the chisel, allows the Mason to work effectively on their rough ashlar, shaping their life and character according to the principles of justice, wisdom, and beauty. **Rough Ashlar**: The rough ashlar represents the human being in its natural, unrefined state, full of imperfections and roughness. In Freemasonry, the rough ashlar symbolizes the life of the initiate before beginning the process of perfection. It is the raw material that, through personal work and the use of the tools of knowledge and virtue, is transformed into a perfect ashlar, that is, a morally complete and harmonious being, fit to be part of the symbolic "temple" of humanity. Chiseling the stone in the Masonic context implies the constant effort to perfect one's own character. The chisel and the mallet, when applied to the rough ashlar, symbolize the conscious and voluntary actions that shape the individual towards moral excellence, thus preparing the Mason to be an integral and valuable part of the symbolic building that represents human fraternity and the pursuit of truth.

Compasses: The compasses are a symbol of moderation, balance, and self-control in human life. They represent the ability to draw just and measured boundaries in our actions and relationships, avoiding excess and maintaining a focus on harmony and proportion. The compasses teach us to act with moderation, guiding our decisions to be in tune with a deep sense of equity and balance. In a philosophical sense, the compasses remind us of the importance of maintaining control over our passions and desires, ensuring that our decisions are not dominated by unrestrained impulses but by a balanced and conscious reason. Thus, the compasses become a symbolic tool for cultivating self-discipline and wisdom in the pursuit of a just and harmonious life.

Delta: The "Delta" is a symbol representing the connection between the human and the divine, as well as the balance between the three fundamental pillars: wisdom, strength, and beauty. In a philosophical-moral context, the Delta is a metaphor for geometric perfection and elevated knowledge, acting as a reminder of the importance of maintaining balance in all facets of life. This equilateral triangle, with its three equal sides, symbolizes the harmony and proportion that should guide an individual's actions. It is an invitation to seek unity and integrity in thought and action, reflecting the pursuit of balance between body, mind, and spirit.

Egregore: An egregore is an esoteric concept referring to a collective energy or entity created by the emotions, thoughts, and actions of a group of people. This collective energy can be nurtured and sustained by the shared concentration and intention of its members and is believed to influence the group's behavior and decisions. In a philosophical-moral context, an egregore symbolizes the collective's ability to create a common force that transcends individuals. This force can be either positive or negative, depending on the intention and direction of the collective energy. Egregores reminds us of the power of unity and collaboration and how the sum of individual wills can lead to significant influence, whether in the pursuit of a greater good or in the perpetuation of a common ideal or purpose.

Square: The square is a tool that symbolizes rectitude, integrity, and justice in human behavior. Its function is to guide the individual in building a life based on solid principles and ethical values. Used as a metaphor, the square reminds us of the importance of maintaining just and balanced conduct in all our actions and decisions, ensuring that our relationships with others are marked by equity and morality. This symbol refers not only to technical correctness in a practical sense but also to moral correctness in daily life. It invites us to reflect on how our actions should align with ideals of justice and honesty, both in personal and social spheres. The square, therefore, acts as a constant guide to living a straight and just life, building an existence based on ethics and mutual respect.

Flaming Sword: The Flaming Sword is a Masonic symbol representing justice, truth, and the power of reason to dispel ignorance and darkness. Its distinctive feature is a wavy or flame-shaped blade, symbolizing the purifying fire and the light that illuminates the path of knowledge. In Masonic tradition, the Flaming Sword is used to guard the entrance to the Temple and as an emblem of moral authority and clarity of thought. This sword represents not only the ability to cut through falsehood and error but also the need to maintain constant vigilance over integrity and virtue. It serves as a reminder that the struggle for justice and truth requires courage, determination, and an unwavering commitment to the highest principles. In a broader sense, the Flaming Sword can be interpreted as the symbol of the power of the mind and spirit to face challenges and overcome trials in the pursuit of enlightenment and moral perfection.

Enchanted Flute: In this work, the "Enchanted Flute" is a magical instrument symbolizing the purity and power of love. Inspired by Mozart's opera "The Magic Flute," where the flute has the power to change the destiny of the characters, in this epic, the instrument represents the transcendental force of love, capable of overcoming the most difficult trials and transforming adverse circumstances. The Enchanted Flute is a symbol of love's ability to purify, heal, and guide the characters toward a state of harmony and happiness.

Master's Grip: In Masonic tradition, the "Master's Grip" is a symbol representing symbolic resurrection or rebirth. This gesture is used in rituals to raise the fallen initiate, symbolizing their spiritual and moral rebirth. In a philosophical-moral context, the "Master's Grip" can be interpreted as the help and support that enables an individual to overcome adversities and moments of crisis, giving them the strength needed to resume their journey with a renewed perspective. This symbol transcends its ritual origin to represent the idea that, in the darkest moments, there is always the possibility of rising and renewing oneself. The "Master's Grip" reminds us that true growth and learning often come from our falls and challenges and that resilience and the ability to rise again are essential in the pursuit of a full and ethical life.

Grand Architect of the Worlds: The "Grand Architect of the Worlds" is a metaphor symbolizing the creative and organizing force that governs the entirety of the cosmos. This symbol offers each initiate the freedom to project their own concept of transcendence, whether religious, philosophical, or spiritual. It represents the idea of a principle that shapes and orders the universe in its vastness and complexity, guiding the development of all worlds, both visible and invisible. When referring to the "Grand Architect of the Worlds," the initiate finds a reflection of the search for harmony and purpose in life, recognizing a higher order that transcends the mundane.

Great Architect of the Universe: The "Great Architect of the Universe" is a universal symbol representing the first cause, the order, and the sustenance of the cosmos. It is a metaphor for perfection and infinity, allowing each initiate to project their own understanding of the transcendent without being bound to specific dogmas or beliefs. This concept is characterized by its interpretative flexibility, providing each individual the freedom to explore and define their relationship with the principle that orders the universe. In its essence, the "Great Architect of the Universe" does not prescribe a single theological vision but offers an inclusive space where each person can reflect on the nature of the cosmos and their place in it. By invoking this symbol, the initiate is invited to see existence as part of a larger design and to consciously contribute to building a world based on principles of justice, truth, and equity.

Guardian of the Temple: The Guardian of the Temple symbolizes the responsibility to protect and preserve fundamental values and the sacred space of inner knowledge. This figure represents constant vigilance over the ethical and moral principles that guide an individual's life, ensuring that the personal "temple," that is, integrity and virtue, remains intact against negative influences and external challenges. In a philosophical-moral context, the Guardian of the Temple embodies self-discipline and firmness of character. They act as the defender of moral purity and rectitude, preventing the superficial or corrupt from disrupting spiritual and ethical development. Their function is to remind us of the importance of maintaining an unwavering commitment to the highest ideals, protecting the inner sanctuary where wisdom, justice, and truth are cultivated.

Hiram Abif: Hiram Abif is a central figure in the legend of the third degree of symbolic Freemasonry and is widely recognized in Masonic symbolism as a model of integrity, loyalty, and sacrifice. Hiram Abif is mentioned in the Bible and in the books of Kings and Chronicles as a master craftsman sent by the King of Tyre, Hiram I, to assist King Solomon in building the Temple of Jerusalem. In the biblical context, Hiram Abif is described as a wise and skilled man, an expert in bronze casting, and an expert in the construction of altars, sacred utensils, and other essential elements for Solomon's Temple. His talent and knowledge make him indispensable in the edification of the Temple, a sacred and monumental structure intended to be the house of God. In Masonic tradition, Hiram Abif is presented as the "Grand Master Builder" of Solomon's Temple, responsible not only for the technical direction of the work but also for the custody of the most important secrets of the art of construction. According to the legend, Hiram Abif was murdered by three workers who wanted to extract from him the "Sacred Word" or the secrets of the trade, which he refused to reveal, remaining faithful to his oath until the last moment. This story is a powerful allegory within Freemasonry, where Hiram Abif represents the ideal of a man who lives and dies by his principles, maintaining his integrity even in the face of death. His story is used to teach Mason lessons about fidelity, sacrifice, perseverance, and the importance of upholding sacred values and secrets. Hiram Abif, therefore, is not just a historical or biblical character but a symbolic figure whose legacy in Freemasonry is manifested in the rituals, teachings, and values that the fraternity promotes. Through the legend of Hiram Abif, Masons learn about the importance of morality, loyalty, and responsibility in their quest for truth and personal perfection.

Isis and Osiris: Isis and Osiris are Egyptian deities that appear in Mozart's "The Magic Flute," where they are invoked to offer protection and spiritual guidance. In the opera, they represent the ideal of life after death, justice, and rebirth, symbolizing transcendence and connection with the divine.

Juwes: The "Juwes" are symbolic figures associated with the legend of the third degree of symbolic Freemasonry, representing the forces of inner disorder that can lead an individual astray from the path of righteousness, wisdom, and justice. These characters, known as Jubela, Jubelo, and Jubelum, are responsible for the murder of Hiram Abif, the master builder of Solomon's Temple, in their vain quest for the Sacred Word. The paradox of the Juwes lies in the fact that, although they sought the Sacred Word in a destructive and external manner, they already possessed it within themselves. The names of these characters contain the letters of the Tetragrammaton, the sacred word whose pronunciation symbolizes divine light and knowledge. However, blinded by ignorance and inner disorder, they failed to recognize that the light they sought already dwelled within them, thus falling into darkness and shadow. This metaphor underscores the importance of introspection and self-control, teaching that true knowledge and enlightenment are not found outside but within the self. The story of the Juwes serves as a warning about the dangers of the external pursuit of power and knowledge and the need to cultivate inner wisdom to avoid falling into ignorance and self-destruction.

The Magic Flute: "The Magic Flute" is an opera composed by Wolfgang Amadeus Mozart and premiered in 1791. This work is recognized not only for its musical beauty but also for being deeply imbued with Masonic symbolism. Through its narrative, the opera presents a series of trials and rituals that the characters must overcome, symbolizing the initiatory journey toward enlightenment, the quest for truth, and the struggle between light and darkness.

The elements and characters, such as the Temple of Wisdom and the trials of Tamino and Pamina, reflect the Masonic ideals of wisdom, virtue, and spiritual transcendence.

The Two Columns (B and J): The columns "B" and "J" are profoundly significant symbols found at the entrance of Solomon's Temple. These columns represent two fundamental principles that uphold the moral and spiritual structure of the individual. **Column "B"** is associated with strength and power. It represents the inner fortitude needed to endure and withstand life's trials. In the Masonic context, it symbolizes stability and the ability to remain steadfast in the face of adversity. It is the pillar that provides support to the initiate on their path of personal and spiritual growth. **Column "J"** symbolizes stability, beauty, and establishment. It is associated with moral stability and rectitude, representing the balance and justice that should guide the initiate's actions. Together, the columns "B" and "J" symbolize the perfect balance between strength and beauty, between power and justice. These columns not only flank the entrance to the Temple but also mark the threshold that the initiate must cross on their journey toward wisdom and enlightenment. They are a constant reminder that the true edification of life requires both inner fortitude and a commitment to the moral values that uphold justice and truth.

LVX: "LVX" is a word derived from Latin meaning "light." This term symbolizes knowledge, truth, and spiritual clarity in its highest sense. In a philosophical-moral context, light represents inner illumination and the path to wisdom, guiding the individual from the darkness of ignorance toward understanding and virtue. The "LVX" is both a metaphor for intellectual awakening and moral development, serving as a beacon that directs the initiate in their quest for ethical principles and truth. It is the principle that reveals the mysteries of the universe and the nature of being, inspiring the individual to live according to the highest values and to illuminate their own path and that of others.

Philosopher Master: In the work, the Philosopher Master is a symbolic figure representing the highest consciousness of the main character, Resvrgam. This figure acts as an internal guide and mentor, accompanying the protagonist on his spiritual and moral journey. The Philosopher Master is not only a voice of wisdom but also a reflection of the deep self-knowledge process and the inner struggle that Resvrgam faces in his quest for truth and virtue. The Philosopher Master personifies the "Secret Master" of the fourth degree of the Ancient and Accepted Scottish Rite (AASR), symbolizing introspection, self-assessment, and constant vigilance over one's actions and thoughts. This degree is fundamental for personal development, as it marks the moment when the initiate begins to become the guardian of the deepest secrets of his being, exploring both the mysteries of the external world and those of his own spirit. In the narrative of the work, the Philosopher Master is the inner voice that challenges Resvrgam to confront his weaknesses and persevere on his path toward enlightenment. It represents the balance between reason and emotion, justice and compassion, urging the protagonist to act with integrity and wisdom in all his decisions. The Philosopher Master's presence is constant, acting as a beacon in the midst of darkness, symbolizing the human aspiration toward a higher ethical and spiritual ideal.

Secret Master (4th Degree of the Ancient and Accepted Scottish Rite - AASR): In the context of the work, the "Secret Master" is represented by the "Philosopher Master," who symbolizes the individual's conscience. This degree is a crucial moment in personal and spiritual development, where the initiate begins to explore the mysteries of both the external world and his own inner being with greater depth. The Secret Master or Philosopher Master acts as the personification of conscience, that inner voice that guides the individual toward truth, justice, and wisdom. This degree emphasizes the importance of introspection and self-knowledge, urging the initiate to be a guardian of the deepest and most essential secrets residing within. The Philosopher Master, in his role as conscience, not only guides ethical decision-making but also confronts weaknesses and pushes the individual toward continuous improvement. In this degree, the initiate learns to balance reason with emotions and duty with desire, guided by conscience as his most reliable advisor. The Secret Master, therefore, is not just a title or a level in the rite but a state of being that reflects the deep integration of wisdom and justice in daily life under the constant guidance of a strengthened and enlightened conscience.

Manichaeism: Manichaeism is a dualistic religion founded by the prophet Mani in the 3rd century AD in Persia (modern-day Iran). Mani, influenced by various religious traditions, including Zoroastrianism, Christianity, and Buddhism, developed a cosmology centered on the struggle between two eternal and opposing principles: good and evil, light and darkness. In Manichaean philosophy, the material world is seen as a creation of evil, governed by the forces of darkness, while the spiritual world is the manifestation of good, governed by the forces of light. According to this doctrine, human souls, which contain particles of light, are trapped in the material world and must be liberated through a process of knowledge and purification. Manichaeism holds that the universe is a battleground between these two forces and that the ultimate purpose of human beings is to participate in the liberation of light, helping to restore the original order of the cosmos. This dualistic philosophy had a wide influence in various regions and cultures before being suppressed by other dominant religions, such as Christianity and Islam. The Manichaean religion was persecuted by the religious and political authorities of the time, being considered heretical by both Christianity and Zoroastrianism. Despite this, its influence persisted for centuries, especially through later dualistic movements like Bogomilism and Catharism. In the work, Manichaeism represents the eternal struggle between good and evil and the challenge of recognizing and acting in favor of the light in a world marked by darkness.

Monostatos: Monostatos is a character in Mozart's "The Magic Flute," where he represents evil and corruption. In the opera, he is the temple guard who, driven by desire and envy, attempts to force Pamina, the heroine, making him a despicable antagonist who contrasts with the virtuous characters. In this work, Monostatos retains his role as a symbol of evil, but his character embodies the internal forces of corruption and disintegration that the protagonist must face.

Oracle of Delphi: The Oracle of Delphi is a reference with deep roots in ancient Greek antiquity. Located in the Temple of Apollo at Delphi, this oracle was considered the most important in classical Greece, where the priestess Pythia conveyed Apollo's messages to those seeking answers about their fate. In a philosophical-moral context, the Oracle of Delphi symbolizes the search for truth and wisdom. It is a metaphor for introspection and reflection, where the initiate seeks answers not only in the external world but also within themselves. The motto inscribed in the temple, "Know Thyself," emphasizes the importance of self-knowledge in the pursuit of truth and understanding of the universe.

East: In the Masonic context, "East" refers to the initiatic direction associated with the search for enlightenment and knowledge. The East is symbolically the place where the sun rises and, therefore, represents the dawn of understanding, the clarity of reason, and the revelation of truth. In the Masonic lodge, the East is the place where the leader sits as a symbol of wisdom and spiritual guidance. The term "East" also evokes the idea of a journey or pilgrimage toward a state of greater consciousness and moral perfection. It is a metaphor for the path the initiate must follow to reach the light of knowledge, leaving behind the darkness of ignorance. In a broader sense, the East symbolizes the spiritual goal that every seeker of truth aspires to achieve, a constant source of inspiration in the practice of virtue and the pursuit of justice.

Ormuzd and Ahriman: Ormuzd (also known as Ahura Mazda) and Ahriman (or Angra Mainyu) are divinities of Zoroastrianism, one of the oldest religions in the world, originating from ancient Persia. Ormuzd represents the divinity of good, light, truth, and cosmic order, while Ahriman symbolizes the forces of evil, darkness, deceit, and chaos. In the Zoroastrian worldview, these two entities are in constant conflict, representing the fundamental duality between good and evil in the universe. This struggle between Ormuzd and Ahriman is a metaphor for the internal and external conflicts faced by each individual, reflecting the battle to maintain righteousness and truth in the face of temptations and destructive forces. In a philosophical-moral context, this duality invites reflection on the nature of morality and free will, as well as on personal responsibility in the struggle for good.

Papagena: Papagena is Papageno's companion in Mozart's "The Magic Flute," representing the ideal of love and union in its purest and simplest form. In the opera, Papagena is initially disguised as an old woman but later reveals herself as a beautiful young woman who joins Papageno, symbolizing the reward of true love and domestic happiness. In this work, Papagena maintains her symbolism of love and union, but her character is a figure of redemption and strength that helps Papageno overcome the challenges he faces. Her love is what drives Papageno to move forward in his struggle, representing a source of light and hope in a world of darkness.

Papageno: Papageno is a character from Wolfgang Amadeus Mozart's opera "The Magic Flute," where he represents the figure of the common man, full of simplicity and humor, seeking love and happiness without the great spiritual aspirations of other characters. In the opera, Papageno is a birdcatcher who symbolizes innocence and the desire for a simple, uncomplicated life. In this work, Papageno also symbolizes innocence, but his character faces darker and more complex challenges than in Mozart's opera.

Temple Porch: The temple porch symbolizes the threshold between the external world and the sacred space of inner knowledge. It is a place of transition where the individual prepares for deep reflection and the search for truth. By crossing this porch, one leaves behind the superficial and begins a journey toward introspection and self-knowledge, a process that requires a willingness to face one's own imperfections and work on building a more conscious and meaningful life. In philosophical-moral terms, the temple porch is a metaphor for the moment when one decides to embark on the path of virtue and personal growth. It represents the entrance to a space of reflection where the values and principles that will guide our actions toward justice, wisdom, and the common good are cultivated. It is the beginning of a commitment to continuous improvement and the pursuit of an ethical and fulfilling life.

Profane: The term "profane" comes from the Latin *profanus*, which breaks down into *pro* (before) and *fanum* (temple). Literally, it means "before the temple," referring to that which is outside the space reserved for spirituality. In the Masonic context, "profane" is used to describe those who have not yet been initiated into Freemasonry, that is, those who are "outside" or "before" the symbolic space of Masonic knowledge. Although they have not been admitted within the "walls" of the lodge, they are recognized as having the potential to begin an initiatory journey of a spiritual and moral nature that Freemasonry represents. Therefore, "profane" refers to being outside the esoteric knowledge and teachings of Freemasonry but with the capacity to move inward toward the temple of knowledge and wisdom.

Queen of the Night: The Queen of the Night is the main antagonist in Mozart's "The Magic Flute," symbolizing darkness, vengeance, and ignorance. In the opera, she is Pamina's mother, and she seeks to destroy Sarastro and his temple of wisdom, using Tamino for her own ends. In this work, the Queen of the Night remains a symbol of the dark forces that oppose light and wisdom. Her character represents the obstacles and temptations that the individual must face and overcome on their path to enlightenment and truth. The Queen of the Night embodies resistance to change, the ignorance that opposes knowledge, and the darkness that threatens to eclipse the inner light.

Sarastro: Sarastro is the high priest in Mozart's "The Magic Flute," who symbolizes wisdom, justice, and light. In the opera, Sarastro is the benevolent leader of the Temple of Wisdom, guiding the characters toward enlightenment and truth, strongly contrasting with the Queen of the Night, who represents darkness. In this work, he remains a symbol of wisdom and justice. In this work, Sarastro is the guide who represents the voice of reason and conscience, helping the characters overcome their inner trials and achieve a deeper understanding of their purpose and universal truth.

Solstice (June 21 and December 21): The solstices, which occur on June 21 (summer solstice) and December 21 (winter solstice), are astronomical events that mark the moments when the Sun reaches its highest or lowest position in the sky, giving rise to the longest day and shortest night of the year (summer) and the shortest day and longest night (winter), respectively. In Freemasonry, the solstices have profound symbolic meaning. These events are seen as representations of the eternal cycle of light and darkness, life and death, knowledge and ignorance. The summer solstice symbolizes the maximum expansion of light, power, and vitality, while the winter solstice represents the rebirth of light and the renewal of the life cycle after its maximum retreat. The solstices are key moments for reflection on natural cycles and their correspondence with personal and spiritual growth. In Freemasonry, these moments are symbolic of duality in life: the balance between opposing forces and the need for harmony between them. The solstitial ceremonies, known as "Feasts of St. John," are celebrated in many Masonic lodges around the solstices.

The summer solstice is associated with St. John the Baptist, and the winter solstice with St. John the Evangelist. These festivities mark the times when Masons gather to reflect on the symbolism of light and darkness, death and resurrection, and the passage of time. During these ceremonies, Masons renew their commitments to the principles of fraternity, charity, and truth. The ceremonies include rituals, speeches, and symbolic acts that emphasize the importance of balance between light (knowledge, truth, life) and darkness (ignorance, error, death) in the pursuit of moral and spiritual perfection. The solstitial feasts are also moments of cohesion and unity within the lodge, where Masons celebrate fraternity and reflect on the continuous cycle of life, understanding that each solstice is both an end and a beginning, a reminder of the perpetuity of knowledge and the constant need to seek light.

Checkered Carpet: The "Checkered Carpet" is a symbol representing the inherent duality of the human condition, such as good and evil, light and darkness, or life and death. In a philosophical-moral context, this carpet symbolizes the field on which human actions and decisions unfold, a space where contrasts and oppositions intertwine. The checkered carpet invites the individual to recognize and understand this duality, urging them to balance the opposing aspects of their life. It is a constant reminder of the importance of acting with justice and discernment in a world full of contrasts, always seeking harmony and righteousness in one's choices and behavior.

Trithemian: Related to Trithemius: Johannes Trithemius (1462-1516), known as Trithemius, was a Renaissance monk and scholar famous for developing a polyalphabetic cipher method that became a crucial reference in the history of cryptography. This method, which combines various encoding techniques to conceal messages, was later used to decode the "Cipher Manuscripts," a set of esoteric documents that form the basis of the teachings of the Hermetic Order of the Golden Dawn. The Golden Dawn, founded in the 19th century by Masons, is an order notable for being open to both men and women, distinguishing it in this respect from the Societas Rosicruciana in Anglia, a society associated with the United Grand Lodge of England, which is exclusively male. Both organizations share a deep interest in the study of Hermetic traditions.

Worshipful Master: The Worshipful Master is a symbolic figure embodying wisdom, moral guidance, and ethical leadership. He represents the person who has attained a high level of knowledge and virtues and is qualified to guide others in their personal and moral development. This role is assumed by someone who, through experience and uprightness, can direct others toward a more just, balanced, and meaningful life. From a philosophical-moral perspective, the Worshipful Master symbolizes authority based on respect and integrity rather than power. He is a model of conduct that inspires others to follow the path of virtue, promoting reflection, learning, and personal growth. His leadership is grounded in fairness, understanding, and commitment to the common good, acting as a beacon of wisdom in the community.

Wolfgang Amadeus Mozart: Wolfgang Amadeus Mozart (1756-1791) was an Austrian composer considered one of the greatest musical geniuses of all time. Throughout his life, he composed over 600 works, including symphonies, concertos, operas, and chamber music. In addition to his impact on classical music, Mozart was also a member of Freemasonry, an organization he joined in 1784. His membership in Freemasonry had a significant influence on his life and work, including his last opera, "The Magic Flute," which is laden with Masonic symbolism and reflects his ideals of fraternity, wisdom, and the quest for spiritual enlightenment.

www.ingramcontent.com/pod-product-compliance
Lightning Source LLC
LaVergne TN
LVHW072117060526
838201LV00012B/262